neukirchener
theologie

Theologische Anstöße

Herausgegeben von
Michael Beintker, Johannes Eurich, Günter Thomas,
Christiane Tietz und Michael Welker

Band 1
Francis Schüssler Fiorenza / Klaus Tanner /
Michael Welker (Hg.)
Johann Baptist Metz / Jürgen Moltmann /
Elisabeth Schüssler Fiorenza
Politische Theologie

Francis Schüssler Fiorenza / Klaus Tanner /
Michael Welker (Hg.)
Johann Baptist Metz / Jürgen Moltmann /
Elisabeth Schüssler Fiorenza

Politische Theologie

Neuere Geschichte und Potenziale

Neukirchener Theologie

Bibliografische Information der Deutschen Nationalbibliothek

Die Deutsche Nationalbibliothek verzeichnet diese Publikation in der Deutschen
Nationalbibliografie; detaillierte bibliografische Daten sind im Internet über
http://dnb.d-nb.de abrufbar.

© 2011
Neukirchener Verlagsgesellschaft mbH, Neukirchen-Vluyn
Alle Rechte vorbehalten
Lektorat: Ekkehard Starke
Umschlaggestaltung: Stellbrink graphik design, Bielefeld
Fotos im Innenteil: Stefan Kresin, Heidelberg
DTP: Henning Mützlitz, Eppelheim
Gesamtherstellung: Hubert & Co., Göttingen
Printed in Germany
ISBN 978–3–7887–2532–7
www.neukirchener-verlage.de

Inhalt

Einleitung

Ein historisches Ereignis fand am 8. und 9. Januar 2010 im Internationalen Wissenschaftsforum der Universität Heidelberg statt. Die Heidelberger Theologen Klaus Tanner und Michael Welker hatten Jürgen Moltmann aus Tübingen, Johann Baptist Metz aus Münster sowie Elisabeth Schüssler Fiorenza und Francis Schüssler Fiorenza aus Harvard eingeladen. Vor einem größeren Kreis ausgewählter Teilnehmerinnen und Teilnehmer sollte über das Themenfeld Politische Theologie von Rahner bis Ratzinger referiert und diskutiert werden.

Sehr schnell zeigte sich, dass es nicht nur darum gehen konnte, ein Kapitel der neueren römisch-katholischen Theologiegeschichte zu beleuchten. In den Vorträgen und engagierten Diskussionen ergab sich ein sehr facettenreiches Bild von „alter" und „neuer" Politischer Theologie, von den vielfältigen Verschränkungen und Spannungen zwischen Politischen Theologien, Befreiungstheologien, Feministischen Theologien und Theologien, die sich als „postkolonial" oder „entkolonisierend" verstehen. Neue radikale Varianten der alten Politischen Theologie im Anschluss an Carl Schmitt, vor allem in den USA, wurden diskutiert. Dies alles zielte auf die Erkenntnis zukünftiger Aufgaben und Potenziale Politischer Theologie in lokalen und globalen Zusammenhängen. Im Anschluss an die Veranstaltung wurden die sechs Vorträge überarbeitet und ergänzt. Zusammen mit Porträtfotos des Heidelberger Fotografen Stefan Kresin werden sie in diesem Band einem größeren Kreis von Leserinnen und Lesern zugänglich gemacht.

Der Beitrag von Jürgen Moltmann („Politische Theologie in ökumenischen Kontexten") erinnert zunächst an die Anfänge der Diskussionen über die Politische Theologie im Deutschland der 60er Jahre. Auf verschiedenen Wegen waren Moltmann und Metz zur Entwicklung einer Politischen Theologie als gesellschaftskritischer Theologie gekommen. Gegen zahlreiche Widerstände und Warnungen vor einer „Politisierung der Kirche" hatten sie geltend gemacht, dass es wohl eine politisch bewusstlose, aber keine unpolitische Theologie gebe. Sie hatten ihre Ansätze gegen die alte Politische Theologie Carl Schmitts profiliert, die der Stärkung der absoluten Staatsgewalt gegen die Gefahren der Revolution und Anarchie dienen wollte. Gegenüber einer quasi-religiösen Überhöhung der Macht des Staates und einem Denken in permanenten Freund-Feind-Verhältnissen hatten sie eine Theologie entwickelt, die vom Leitgedanken der eschatologischen Vorwegnahme des Reiches Gottes bestimmt war. Die Vision und die Praxis ethischer und politischer Vorwegnahmen einer Zukunft Gottes, in der die Not und Unterdrückung von Menschen beendet und die Benachteiligten und Marginalisierten sich befreien und in ihrer Würde geachtet werden, inspirierten das Denken dieser Politischen Theologie. Angeregt von der Politischen Theologie im ideologisch geteilten Europa, aber auch in bewusster Abgrenzung davon entwickelte sich in den 70er Jahren die Theologie der Befreiung (Gustavo Gutiérrez) in Lateinamerika. Ihre in Europa ausgebildeten führenden Denker (z.B. Leonardo Boff und Jon Sobrino) gerieten nicht nur in ihren jeweiligen Gesellschaften in zahlreiche politische Konflikte. Sie mussten sich auch mit den Versuchen der römischen Hierarchie auseinandersetzen, sie zum Schweigen zu bringen. Auch die Feministische Theologie erstarkte in den 70er Jahren. Sie wurde zu einer weltweiten, sich beständig differenzierenden Bewegung mit großer Ausstrahlungskraft in vielen Gesellschaften und Kirchen.

Das zunehmende Bewusstsein für die ökologische Selbstgefährdung der Menschheit und die Auseinandersetzung mit Rüstungspolitik und Konfrontationsideologien der Supermächte führten in den 70er und 80er Jahren zu Profilbildungen Politischer Theologie in Gestalt von Friedenstheologien und Ökologischen Theologien. Weltweit entstanden viele kontextuelle Formen von Politischer Theologie und Befreiungstheologie. Moltmann hebt exemplarisch die vor allem in den USA entwickelte Schwarze Theologie, die koreanische Minjung Theologie, die japanische Barakumim Theologie und die indische Dalith Theologie hervor. Als verbindende Gestalt, auch über den Bereich christlicher Kirchen hinaus, sieht Moltmann in allen diesen Formen eine prophetische Theologie wirksam werden.

Johann Baptist Metz („Zweierlei Politische Theologie") grenzt seinen eigenen politisch-theologischen Entwurf zunächst von den Politischen Theologien ab, die in Anlehnung an die politische Staatsmetaphysik Roms von einzelnen Kirchenvätern an (z.B. Eusebius) immer wieder innerhalb der Kirche, aber auch in der Philosophie (z.B. Hobbes), in der politischen Theorie (z.B. Machiavelli) und in den Rechtswissenschaften entwickelt worden sind. In dieser Tradition steht im 20. Jahrhundert die Politische Theologie Carl Schmitts (1922) mit ihrem gegen die parlamentarische Demokratie gerichteten dezisionistischen Staatsgedanken. – Metz sieht seinen Weg in Kontinuität und Diskontinuität mit dem seines Lehrers Karl Rahner. Rahner hatte die produktiv-kritische Auseinandersetzung römisch-katholischer Theologie mit dem Geist der Moderne in Gestalt einer „anthropologischen Wende" gesucht. Er hatte in überaus wirksamer Weise die klassische metaphysische Theologie mit einer transzendentalen und mystischen Theologie verbunden.

Metz will die anthropologische Wende über transzendentale und existenzialistische Denkansätze hinaus fortentwickeln, hin zu einer Theologie, die den Menschen in Geschichte und Gesellschaft wahrnimmt. Er propagiert eine „zeitempfindliche" Theologie mit einer Wahrnehmungs- und Gedächtniskultur, die sich auf die Leidenden und die Opfer in Geschichte und Gegenwart im Licht des göttlichen Erbarmens und der göttlichen Verheißung konzentriert. Er fordert als Politische Theologie eine „Gottesrede", die für fremdes Leid empfindlich ist und empfindlich macht und sich als „Gerechtigkeit suchende" Rede bewährt. Das Deus caritas est müsse durch das Deus et iustitia est ergänzt werden. Metz warnt vor einer abstrakten Logos-Theologie, die inmitten der „Heillosigkeit der Zeit" (Jacob Taubes) die Orientierungssuche auf ein zeitloses Heil lenken will. Christlicher Glaube als Gerechtigkeit suchender Glaube spricht im Licht der Passionsgeschichte Christi im Namen der Autorität der ungerecht und unschuldig Leidenden. Auf dieser Grundlage könne mit Rahner „Gott als Menschheitsthema" in Anspruch genommen werden. Auf dieser Grundlage ist, so Metz, ein „pluralismusfähiger, gewaltfreier und antitotalitärer Universalismus" der christlichen Gottesrede möglich.

Elisabeth Schüssler Fiorenza klagt in ihrem Beitrag Konkretionen und Spezifikationen der Politischen Theologie in Gestalt einer kritisch-feministischen Theologie der Befreiung und einer entkolonisierend-politischen Theologie ein. Sie beobachtet scharf, dass den meisten Politischen Theologien, Befreiungstheologien und postkolonialen Theologien „eine kritisch-feministische Analytik fehlt". Die Ausschließung der Frauen aus dem öffentlichen kulturellen und religiösen Bewusstsein lebt auch in vielen Formen progressiver und emanzipatorischer Theologien fort. Elisabeth Schüssler Fiorenza identifiziert „kyriarchale Strukturen", die weit über patriarchale und hierarchische politische und klerikale Bewusstseins- und Lebensformen hinausreichen.
Scheinbar geschlechterneutrale und universalistische Denkformen der aufgeklärten Moderne transportieren und verfestigen kyriarchale Mentalitäten. Komplexe „Herr-schaftssysteme, die durch Geschlecht, Rasse, Klasse, religiöse und kulturelle Zugehörigkeit und andere Herrschaftsformulierungen strukturiert" sind, müssen durchschaut und transformiert werden. Dies ist ungeheuer schwierig, da vielfältige wechselseitige Stabilisierungen und Verstärkungen auftreten. Kyriarchale Verhältnisse können durchaus partiell progressive und emanzipatorische Formen annehmen. Sie können bestimmte Gruppen und Schichten von Frauen integrieren und bewusste oder naive Verschleierungen realer Machtkonstellationen in Szene setzen.

Dagegen profiliert Elisabeth Schüssler Fiorenza das anspruchsvolle
Programm einer kritischen und selbstkritischen Feministischen Theologie, die die Widersprüche „zwischen einem egalitären demokratischen
Selbstverständnis und den tatsächlichen kyriarchalen sozio-ökono-
mischen Gesellschaftsstrukturen" aufdeckt. Sie setzt auf eine fruchtbare Verbindung von Politischer und Feministischer Theologie, von
Befreiungstheologie und entkolonisierender Theologie, in der die Befreiung von „Frauen und anderen Randmenschen" zum Prüfstein der
Ernsthaftigkeit aller Bemühungen gemacht wird. Inmitten der domi-
nierenden offen oder latent kyriarchalen Öffentlichkeiten will sie die
Öffentlichkeit einer „Ekklesia der Frauen" konstituiert sehen, als ein
Ort, von dem aus konkrete politische, kulturelle und religiöse Verän-
derungen konzipiert und radikal demokratische pluralistische Verhältnisse geschaffen werden können.

Francis Schüssler Fiorenza stellt seinen Beitrag unter den Titel
„Prospects for Political Theology in the Face of Contemporary
Challenges". Er gibt zunächst zu bedenken, dass die deutsche Politische Theologie nicht nur aus den Erfahrungen der Nazidiktatur
erwachsen ist, sondern auch auf den zunehmenden Ökonomismus der
Nachkriegszeit und seine Folgen mitsamt angepasster Theologien rea-
giert. Er zeigt, wie sich die lateinamerikanischen Befreiungstheologien
von diesen Entwicklungen abgrenzen und wie in den USA noch einmal
andere Rahmenbedingungen den direkten und indirekten Zugang zur
Politischen Theologie bestimmen.
Er sieht ein doppeltes Interesse an der alten Politischen Theologie in
den USA lebendig werden. Indirekt folgte die neo-konservative Politik
von George W. Bush den Maximen Carl Schmitts, einem Dezisionis-
mus, der sich selbst unbedingte quasi-religiöse Autorität anmaßte:
Etablierung rigider Freund-Feind-Verhältnisse, vorbeugende Kriegs-
führung, Missachtung internationaler Konventionen, rechtlich unkon-
trollierte Behandlung von Gefangenen, Misshandlung von Kriegsge-
fangenen, Außerkraftsetzung von Bürgerrechten – und all das unter Berufung auf den Ausnahmezustand, den Notstand, auf die Souveränität
des über diese Situation entscheidenden, diese Situation ausrufenden
politischen Führers.
Die Allgemeine Erklärung der Menschenrechte durch die Vollversammlung der Vereinten Nationen von 1948, die Genfer Abkommen
von 1949 und andere internationale politische Vereinbarungen hatten,
die Nazi-Diktatur vor Augen, eine große, weltweite Gegenbewegung
gegen dämonische politische und militärische Ausschreitungen eingeleitet. Grenzen dieser Bemühungen werden nun ausgerechnet offenbar
in international dicht eingebundenen Kontexten, mit politisch gebildeten Eliten und beständiger medialer Beobachtung. Dieser Tatbestand
lässt ein neues intensives Interesse an Carl Schmitts Werk auch unter

den sich als progressiv ansehenden Intellektuellen aufkommen, die dabei die zureichende Steuerungskraft des liberalen philosophischen und politischen Denkens in Frage stellen.

Im Zentrum dieser Kritik stehen für Fiorenza „demokratische Paradoxa" in den Spannungen von Affirmation der Souveränität eines Volkes und der Proklamation des Wertes unbedingten Gewaltverzichts, Affirmation der kulturellen Identität von Menschengruppen und einem universalistischen Ethos, Affirmation des Wertes der Differenz und Appell an übergreifende Konsensbildung etc. Fiorenza sieht in diesen Spannungslagen Herausforderungen für eine Politische Theologie der Zukunft.

Er klagt zunächst eine subtile multikontextuelle historische Betrachtung ein, die davor bewahrt, politische Ereigniszusammenhänge wie die Französische Revolution oder die Weimarer Zeit oder folgenträchtige große Katastrophen wie den Reichstagsbrand und die Zerstörung des World Trade Center zu parallelisieren und zu schematisieren. Er warnt vor leichtfertigen Herabsetzungen und Relativierungen der Steuerkräfte der Demokratien und der Menschenrechtskonventionen, wie sie sich auch bei Ratzinger bzw. Benedikt XVI. finden. Am Beispiel Martin Luther Kings verdeutlicht er die Überzeugungskraft religiös geprägter Rede in politischen Kontexten – auch ohne die von Habermas geforderten (philosophisch inspirierten) Übersetzungshilfen. Er sieht eine zunehmende Befähigung religiöser Traditionen und Gemeinschaften, die Perspektiven anderer Traditionen und Gemeinschaften aufzunehmen und so die Erhaltung von Differenz und wechselseitiges Verstehen zu vermitteln.

Er betont die religiöse Sensibilität für die Leiden der Opfer und die systemischen Verzerrungen der Sünde, eine Sensibilität, die nicht nur für Exzesse des politischen Chaos, sondern auch für die Exzesse autoritärer Regierungsgewalt Scharfblick behält. Politische Theologie erweist sich so als ein vielgestaltiges Immunsystem, auf das auch spätmoderne und partiell säkularisierte Gesellschaften nicht verzichten können.

Klaus Tanner („Politische Theologie nach Benedikt XVI.") untersucht die politisch-theologisch einschlägigen Äußerungen in den Enzykliken von Benedikt XVI. Zentral sind darin die Begriffe „Liebe und Wahrheit". Die Kirche ist entscheidende Verwirklichungsgestalt der göttlichen Liebe, sie ist die „Familie Gottes". Wenn die Politik ihrer zentralen Aufgabe der Verwirklichung von Gerechtigkeit erfolgreich nachkommen will, bedarf sie nach Benedikt, wie Tanner formuliert, „einer Energiezufuhr" der lebendigen Kraft der Kirche, in der die „vom Geist Christi entfachte Liebe" wirke. Diese Grundüberzeugung ist verbunden mit einer massiven Kritik der neuzeitlichen Entwicklung in Wissenschaft, Technologie und Kultur. Die konservative Kulturkritik schließt vor allem an päpstliche Enzykliken vor dem Zweiten Vatikanischen Konzil an. Sie beruft sich zwar auf die für „die Entwicklung der Völker" maßgebliche „Verkündigung Christi". Doch faktisch dominieren „spekulative und metaphysische Argumentationsformen, in denen abstrakt über das Verhältnis von „Vernunft" bzw. „Intelligenz' und „Liebe" räsoniert oder eine „transzendente Sicht der Person" gefordert wird".

Ganz im Stil der alten Politischen Theologie wird eine über „wirksame Macht verfügende" und „von allen anerkannte" „politische Weltautorität" beschworen, die alle wirtschaftlichen, militärischen, sozialen und ökologischen Probleme zu lösen hätte. Diese Vision ist verbunden mit dem Programm einer „Reinigung der Vernunft" durch „Öffnung hin zur Transzendenz" und zur „übernatürlichen Wahrheit der Liebe". Tanner beobachtet, dass der Papst diese Aufstellungen mit einem „ontologisch-metaphysischen Naturrechtsverständnis" zu unterlegen sucht, das an altkirchliche Logos-Spekulationen anschließt. Der junge Ratzinger hatte diese Traditionen durchaus kritisch beurteilt, und auch als Kardinal hatte er sich nur mit milder Skepsis darauf berufen (s.u.).

Tanner wendet diese Beobachtungen kritisch und selbstkritisch gegen alle Formen Politischer Theologie, die es sich mit der sozialwissenschaftlichen Analyse leicht machen. Er warnt vor Selbstempfehlungen ekklesialer Institutionen und Bewegungen, die parlamentarisch-demokratische Verhältnisse und Verfahren herunterreden. Er warnt vor einer Liberalismuskritik, die eine ethische Substanz beschwört, ohne sie argumentativ auszuweisen. Er würdigt den Versuch Benedikts XVI., durch die Verbindung von Vernunft und Liebe falsche Entgegensetzungen von Glaube und Rationalität, von Frömmigkeit und Erkenntnissuche zu überwinden. Aber er befürchtet auch, dass „die alten ungeschichtlichen Logos-Traditionen und ontologischen Naturrechtslehren" Ansätze zur Einlösung dieses Programms im Keim ersticken. Er empfiehlt, sehr genau darauf zu achten, welche Konzepte des Politischen und der realen politischen Verfassung vor Augen stehen, wenn großräumige Lösungsangebote unterbreitet werden.

Michael Welker („Zukunftsaufgaben Politischer Theologie. Über Religion und Politik nach Habermas und Ratzinger") wendet sich zunächst der Begegnung von Joseph Ratzinger und Jürgen Habermas im Jahr 2004 in der Katholischen Akademie Bayern zu. Die Begegnung sollte Verständigung erzielen über „vorpolitische moralische Grundlagen eines freiheitlichen Staates" und wurde von vielen Seiten mit großen Erwartungen verbunden.

Habermas warnte einerseits vor einer „entgleisenden Säkularisierung", andererseits vor der Ansicht, der freiheitliche säkularisierte Start sei auf weltanschauliche oder religiöse, „jedenfalls kollektiv verbindliche ethische Überlieferungen angewiesen". Er beschrieb das Bild eines

„demokratischen Prozesses", der gestaltet werde von „Staatsbürgern, die sich als Autoren des Rechts verstehen", und „Gesellschaftsbürgern, die Adressaten des Rechts sind". In diesem Prozess könnten hinreichend „übersetzte" religiöse Symbolsysteme durchaus orientierend wirken. Maßgeblich seien aber vor allem eine selbstkritische „Gedächtnispolitik" und ein „Verfassungspatriotismus", der die Prinzipien der Verfassung hochhält, sie aber auch in immer neuen zeitgeschichtlichen Kontexten diskursiv überprüft.

Hilfreich für die Frage nach Zukunftsaufgaben Politischer Theologie sind Habermas' Insistieren auf der Verrechtlichung aller Vorstellungen gesellschaftlicher Transformation und die Orientierung an der Verfassung eines Staates, der sich als „Rechtsstaat" und „Sozialstaat" empfehlen will. Doch kommen, anders als in früheren Beiträgen von Habermas, die prekären Interdependenzen von zivilgesellschaftlicher Kommunikation, Politik und Recht mit der Macht des Marktes, der Medien und der Technologie ebenso wenig zur Sprache wie in den meisten Politischen Theologien. Auch die Relevanz der Familie, des Bildungssystems und der Wissenschaften für freiheitliche gesellschaftliche Entwicklungen und Transformationsprozesse kommt nicht klar in den Blick.

Während sich Habermas auf zivilgesellschaftliche Kommunikationsprozesse konzentriert, entwickelt Ratzinger eine weite Sicht auf epochenübergreifende und globale Entwicklungen. Doch dieser Weite entspricht nicht eine Tiefe und Schärfe des Blicks. Die Unsicherheiten und Schwächen der Position Ratzingers, die der Beitrag von Klaus Tanner im Blick auf Benedikt XVI. bereits offengelegt hat, sind einerseits in seinen spekulativ-naturrechtlichen Leitvorstellungen gegründet, die er gegen bessere Einsicht („dieses Instrument ist leider stumpf geworden") hochhalten will. Andererseits fehlen nicht nur Ansätze zu sozialwissenschaftlichen Zugangsweisen. Man vermisst jede klare und differenzierte christologisch-pneumatologische Orientierung, die der immer wieder aufkommenden verführerischen Sehnsucht nach den vermeintlichen Ordnungspotentialen in der alten Politischen Theologie entgegenwirken könnte.

Demgegenüber muss eine Politische Theologie der Zukunft drei Aufgabenkomplexe ins Auge fassen:

1. Sie muss eine sozialtheoretische Umsicht einüben, in der a) interpersonale (ich und der/die Andere, einfache freundschaftliche und familiale Lebensverhältnisse …), b) einfache oder komplexe gesellige Beziehungen (Initiativen, Gemeinden, Parteien, Zivilgesellschaften …) und c) hochgradig organisatorisch und normativ institutionalisierte Verhältnisse (Politik, Recht, Wissenschaft, Markt …) differenziert wahrgenommen werden. Wer die unterschiedlichen Bindekräfte und

Kommunikationsmöglichkeiten in diesen Kontexten beständig ver-
mischt, sie gar noch d) mit metaphysischen, theistischen oder mystischen Denkformen (die Gottesbeziehung, der Transzendenzbezug ...)
überlagert, wird weder fruchtbare theologische noch hilfreiche politische Orientierung bieten können. Dass dies eine hohe, aber durchaus
zu bewältigende Herausforderung ist, kann man z.b. vom jungen
Dietrich Bonhoeffer lernen.

2. Eine Politische Theologie der Zukunft benötigt klarere gesellschaftsanalytische Diagnosen. Die meisten emanzipatorischen Theologien bewegen sich noch immer mit moralischen Appellen im Kreislauf von
Religion und Zivilgesellschaft, in der Hoffnung auf politische, wissenschaftliche und mediale Resonanzverstärkung. Brauchbare Analysen
der starken Einflussnahme von Markt, Medien, Technologie und Recht
auf die Politik und die zivilgesellschaftlichen Kommunikationsprozesse liegen kaum vor – und zwar weder im Allgemeinen noch in
spezifischen Kontexten der Unterdrückung und Verelendung. Die
Kritik von Marx und Engels an den Linkshegelianern („Die Heilige Familie"), die die laute Propagierung ihrer politisch-moralischen Klagen
und Zielvorstellungen mit einer Veränderung der gesellschaftlichen
Verhältnisse verwechselten, sollte jede Politische Theologie der Zukunft nachdenklich stimmen. Sie kann von dieser Auseinandersetzung
mit einem gesellschaftskritischen Moralismus selbstkritisch lernen,
ohne sich damit in die Falle des orthodoxen Marxismus locken zu
lassen. Auch die dringend erforderliche Zusammenarbeit der Politischen Theologien mit postkolonialistischer Theorie und Geschichts-
schreibung und die Entwicklung „entkolonisierender" Theologien
(Elisabeth Schüssler Fiorenza) steckt noch in den Anfängen.

3. Eine Politische Theologie der Zukunft muss die Unsicherheit und
Angst vor freiheitlichen multikontextuellen und pluralistischen Umge-
bungen verlieren. Sie darf diese Befangenheit auf gar keinen Fall mit
der Furcht vor der verschleiernden und evasiven Kraft des Bösen verwechseln. Beide Verunsicherungen muss sie in biblisch gebildeten
pneumatologischen und christologischen Orientierungen abarbeiten
und überwinden. Eine differenzierte theologische Bildungsgrundlage
vermittelt die Kraft zur kritischen und selbstkritischen Auseinandersetzung mit komplexen gesellschaftlichen, kulturellen, religiösen und
ideologischen Problemlagen. Nur die differenziert theologisch und
geistlich gegründete Suche nach Gerechtigkeit und Wahrheit weckt im
Leiden an aktuellen Unrechtsverhältnissen und im leidenschaftlichen
Widerstand gegen unterdrückerische Gewalt die prophetischen, dia-
konischen und spirituellen Kräfte, die gesellschaftlich-politische
Kontexte bewegen und verändern können.

Jürgen Moltmann

Politische Theologie in ökumenischen Kontexten

I. Die Anfänge in Deutschland

Johann Baptist Metz kam von Karl Rahner zur Politischen Theologie. Ich kam von Karl Barth an diese neue Front der Nachkriegstheologie in Deutschland. Metz ergriff die Initiative in der katholischen Fundamentaltheologie, mein Lehrauftrag war Dogmatik und Ethik, also musste ich die politischen Dimensionen in diesen Bereichen darstellen. Über uns beiden lasteten die Schatten von Auschwitz. Unsere Generation musste in der Gegenwart der Toten der Todeslager leben. Unsere Politische Theologie war im Anfang eine „Theologie nach Auschwitz". Rahner hatte die „anthropologische Wende" in der modernen katholischen Theologie eingeleitet. Metz ging darüber hinaus:

„Der Versuch, die ganze Theologie als Anthropologie zu lesen und zu verstehen, ist eine wichtige Errungenschaft gegenwärtiger theologischer Arbeit. Doch diese „anthropologisch gewendete" Theologie bleibt so lange in Gefahr, welt- und geschichtslos zu werden, als sie nicht ursprünglicher als Eschatologie verstanden wird. Nur im eschatologischen Horizont der Hoffnung erscheint nämlich die Welt als Geschichte."[1]

Nachdem er meine „Theologie der Hoffnung" an diesem Punkt so gut verstanden hatte, ging ich meinerseits gern auf sein Angebot ein:

„Jede eschatologische Theologie muss zu einer politischen Theologie als einer gesellschaftskritischen Theologie werden."[2]

Im Bereich der Theologie Karl Barths und der Bekennenden Kirche in der deutschen Nazidiktatur wurde das Gewicht der politischen Predigt diskutiert und der bis 1945 geltende sog. „Kanzelparagraph", der politische Einmischungen verbot, abgelehnt. 1969 machte das „Kölner Politische Nachgebet" von Dorothee Sölle und Fulbert Steffensky damit erfolgreich ernst. Weil „Römer 13" die Protestanten zum kritiklosen

---

[1] J. B. Metz, Zur Theologie der Welt, Mainz/München 1968, 83.
[2] Ebd. 106. Ich habe das aufgenommen und auf meine Weise weitergeführt in : Theologische Kritik der Politischen Religion, in: J. B. Metz / J. Moltmann / W. Oelmüller, Kirche im Prozess der Aufklärung, Mainz/München 1970, 11-51. Nachweise für die folgenden Ausführungen sind dort zu finden.

Obrigkeitsgehorsam erzogen hatte, wurden nach hermeneutisch richtiger Zusammenfassung des 12. und 13. Kapitels des Römerbriefs der politische Gottesdienst „im Alltag der Welt", wie Ernst Käsemann formulierte, und die neue „politische Tugendlehre" von Ernst Wolf diskutiert, die an die Stelle der Staatsmetaphysik treten sollten. Aber der Widerstand gegen eine vermeintliche „Politisierung der Kirche" war im Protestantismus stark und ist es noch heute, weil der Protestantismus sich im Unterschied zur katholischen Kirche gern als „staatstragend" darstellt. Erst die Politische Theologie und das neue kritische Bewusstsein, auf das sie nach 1968 traf, haben die Situation verändert. Politische Theologie wurde nicht als Theologie des Politischen verstanden, sondern als „Feldbezeichnung" für jede christliche Theologie und als hermeneutische oder fundamentaltheologische Kategorie. Es gibt bewusste Politische Theologie, es gibt politisch bewusstlose Theologie, aber es gibt keine unpolitische Theologie, jedenfalls nicht auf dieser Erde und vermutlich auch nicht im himmlischen *politeuma*. Damals erschienen viele Bücher mit dem Titel, ich nenne nur Dorothee Sölle, Jan Lochman und Ignazio Ellacuria in El Salvador, den späteren Märtyrer. Das zeigt, dass die neue Politische Theologie sofort ökumenisch war und sich in die Zukunftsoffenheit des Zweiten Vatikanischen Konzils mit den Erklärungen „Gaudium et Spes" und „Populorum Progressio" stellte.

Ein erster Höhepunkt waren die christlich-marxistischen Dialoge der Paulus-Gesellschaft in Salzburg, Herrenchiemsee und Marianske Lasne, CSSR, 1966 bis 1968. Karl Rahner und Roger Garaudy waren die Sprecher, Ernst Blochs „Prinzip Hoffnung" bildete den Hintergrund, und zuletzt trafen in Marienbad im Mai 1968 weltoffene Theologen auf gottoffene Marxisten. Wir suchten Gerechtigkeit auf Erden, sie eine nichtentfremdende Transzendenz. Es war eine Sternstunde im geteilten Europa. Ende August desselben Jahres gingen in Europa für 21 Jahre die Lichter aus, der Kalte Krieg unterdrückte die Anfänge eines neuen Europa.

„1968" war Höhepunkt und Absturz zugleich[3]: Die Ökumenische Bewegung erreichte ihren Gipfel auf der Weltkonferenz in Uppsala mit dem Motto „Siehe, ich mache alles neu"; die lateinamerikanische Bischofskonferenz in Medellin verkündete die „vorrangige Option der Kirche für die Armen". In den USA erreichte die Civil-Right-Movement ihre größte Zustimmung, und Martin Luther King jr. wurde am 4. April 1968 ermordet. Das Zweite Vatikanische Konzil machte die katholische Kirche geistesgegenwärtiger als die evangelische Kirche in Deutschland, und die Enzyklika „Humanae Vitae" brach vielen katho-

---

[3] J. Moltmann, *Siehe, ich mache alles neu. Die ökumenische Bewegung von Uppsala und Turku 1968 und Bangkok 1972 – nicht nur eine Sache der Studenten*, in: K. Füssel / M. Ramminger (Hg.), Zwischen Medellin und Paris. 1968 und die Theologie, Exodus Verlag Luzern/Münster 2009, 110-124.

lischen Kollegen das Genick. In Berlin, Paris, Berkeley, Mexico und Tokyo protestierten Studenten gegen den Vietnamkrieg und für eine Kulturrevolution. Die neue Politische Theologie wurde auch von diesen Bewegungen und Erfahrungen geprägt.

II. Carl Schmitt und die alte Politische Theologie

Leider war das Feld schon von der alten Politischen Theologie des Staatsrechtlers und Nazistaatsrats Carl Schmitt besetzt. Das hat zu Verwechslungen geführt, bis Metz unser Anliegen die „neue Politische Theologie" nannte. Schmitts Politische Theologie war eine Theologie der politischen Souveränität: „Souverän ist, wer über den Ausnahmezustand entscheidet".[4] Damit war in den Zwanziger Jahren „die Diktatur des Reichspräsidenten" nach Art. 48 der Weimarer Reichsverfassung gemeint. Gott und Staat bilden für Schmitt jene Souveränität, die der Anarchie Michael Bakunins „Ohne Gott und Staat" gewachsen sein sollte. Schmitt übernahm den Terminus „politische Theologie" nicht aus der Antike, sondern von Bakunin. Er sah die Auseinandersetzung zwischen Staatsgewalt und Revolution, bzw. Anarchie, auf weltgeschichtlich-apokalyptischem Hintergrund. Er glaubte an die Harmaggedon-Idee vom „letzten Gefecht", darum befindet sich die Welt nach seiner Auffassung hier schon im permanenten Bürgerkrieg. Die existentielle politische Kategorie ist das „Freund-Feind-Verhältnis: Wer nicht für uns ist, ist gegen uns". Urbild für das Freund-Feind-Verhältnis ist das Verhältnis von Gott und Satan, das auf die Entscheidungsschlacht zusteuert. Bürgerrechte werden aufgehoben, die Diktatur regiert mit Notstandsgesetzen, um die drohende Anarchie zu bekämpfen. Dass wir dieses apokalyptische Ende der Geschichte noch nicht erreicht haben, ist dem geheimnisvollen Katechon von 2Thess 2,7 geschuldet. Die Kraft, die das Ende aufhält, indem sie das Böse niederhält, ist nach Carl Schmitt die souveräne Staatsgewalt: „Ich glaube an den Katechon; er ist für mich die einzige Möglichkeit, als Christ Geschichte zu verstehen und sinnvoll zu finden."[5] Der Kampf der christlichen Kaiser gegen Heiden und Ungläubige sowie die Conquista in Lateinamerika waren für ihn die Heldentaten jenes gottgewollten Katechon.

Für die neue Politische Theologie steht demgegenüber das Subjekt Kirche „mit dem Gesicht zur Welt" oder einfacher: die Weltchristenheit, im Zentrum. Es geht überhaupt nicht um eine Staatsmetaphysik oder

---

[4] C. Schmitt, Politische Theologie. Vier Kapitel zur Lehre von der Souveränität (1922), Berlin ²1934, 11. Zu Schmitts Theologie des Politischen vgl. H. Meier, Die Lehre Carl Schmitts. Vier Kapitel zur Unterscheidung Politischer Theologie und politischer Philosophie, Stuttgart 1994.
[5] Zit. Meier, 245. Zu Schmitts Lehre vom Katechon ebd. 243-252. Zum „Katechon" siehe auch D. Bonhoeffer, Ethik, hg. von E. Bethge, München 1949, 45-46.

eine apokalyptische Begründung des permanenten Weltkriegs, sondern um das politische Engagement der Kirche in der Welt der Armen und des christlichen Engagements für „Gerechtigkeit, Frieden und die Bewahrung der Schöpfung".

An die Stelle des apokalyptischen Katechon, der die Zukunft Gottes aufhält, tritt seit Uppsala 1968 in der ökumenischen Ethik der Leitgedanke der eschatologischen Vorwegnahme:

> „Im Vertrauen auf Gottes erneuernde Kraft rufen wir euch auf: Beteiligt euch an dieser Vorwegnahme des Reiches Gottes, und lasst heute schon etwas von der Neuschöpfung sichtbar werden, die Christus an seinem Tag vollenden wird,"

sagte die Botschaft der Vierten Vollversammlung des Ökumenischen Rates der Kirche in Uppsala 1968.[6] Das antizipierende Bewusstsein greift in die Zukunft Gottes vor, in der die „Mühseligen und Beladenen" aufhören und die „Erniedrigten und Beleidigten" zu ihrer Würde kommen, wie Ernst Bloch sinnbildlich sagte. Diese ethischen und politischen „Vorwegnahmen" sind durch das Kommen Christi in diese Welt und seine Auferweckung von den Toten theologisch begründet. Reich-Gottes-Ethik ist Bergpredigtethik, Bergpredigtethik ist Kontrastethik in einer Welt von Unrecht und Gewalttat.

III. Politische Theologie und Befreiungstheologie

Nach Medellin 1968 entstand in Lateinamerika jene Politische Theologie, der Gustavo Gutierrez 1971 den Namen „Theologie der Befreiung" gab. Zuvor hatte man mit den Begriffen „Theologie der Entwicklung" und „Theologie der Revolution" laboriert, aber erst die „Theologie der Befreiung" traf den Punkt. In der Sache waren die Politische Theologie im geteilten Europa und die Theologie der Befreiung im armen, unterdrückten Lateinamerika ein Herz und eine Seele – dachte ich, bis 1975 eine Gruppe von Studenten aus Argentinien und Brasilien Tübingen besuchte und uns erklärte, dass sie Befreiung von der europäischen Kultur- und Theologiedominanz suchten. Barth, Bultmann und Moltmann läsen sie nicht mehr, denn Karl Marx habe gesagt: „Geschichte ist Klassenkampf". Auf die Frage, wo denn Marx geboren sei, antworteten sie nicht. Das ärgerte mich, und ich schrieb einen offenen Brief an meinen Freund José Miguez-Bonino in Buenos Aires und kritisierte den Seminarmarxismus und die jugendliche Revolutionsromantik.[7] Das hat mir viel Kritik eingebracht. Aber auch Gustavo Gutierrez bezeichnete Metz und mich als „liberal theologians", sich aber als „liberation

---

6 Uppsala spricht. Sektionsberichte der Vierten Vollversammlung des Ökumenischen Rates der Kirchen Uppsala 1968, Genf 1968, 1.

7 Hoffnung und Befreiung. Offener Brief an José Miguez-Bonino, in: EvKomm 9, 1976, 755-757. Auch spanisch und englisch.

theologian", obwohl doch alle Zitate in seinem ersten Buch europäisch waren und er erst später entdeckte, „aus der eigenen Quelle zu trinken". Für die Päpste in Rom war nicht die Befreiungstheologie, sondern der Marxismus, den sie dahinter vermuteten, das rote Tuch. Johannes Paul II. hatte in Polen, Benedikt XVI. in Tübingen damit schlechte Erfahrungen gemacht. Die Angst vor Marxismus nahm zuweilen apokalyptische Züge an. Leonardo Boff hatte die treffende Formel für den Gebrauch von Marxismus in der Befreiungstheologie gefunden: „Marxistische Analyse ja, marxistische Therapie nein".

Meine Probleme mit der Formel der „preferential Option for the Poor" sind einmal, dass diese Option nicht die Option „of the Poor" ist, zum anderen, dass die Armen nicht nur auf das angesprochen werden wollen, was ihnen in Beziehung zu den Reichen fehlt, sondern zuerst auf das, was sie sind, auf ihre Kräfte, ihre Kultur, ihre Rasse, ihr Geschlecht, ihre Religion und ihr Ethos.[8]

IV. Entwicklungen Politischer Theologie in Deutschland

Ich fasse jetzt den Begriff der Politischen Theologie weiter, als Metz und ich ihn am Anfang gedacht hatten, als Bezeichnung für die theologische Reflexion konkreter politischer Praxis der Christenheit. Hier bestimmen der Kairos, der Kontext und die Community die politische Hermeneutik der christlichen Botschaft. Ich habe persönlich an diesen Entwicklungen konkreter politischer Theologie teilgenommen, war aber nicht ihr Initiator.

1. Friedenstheologie

Das geteilte Deutschland war immer schon ein Zentrum der militärischen Konfrontation der Supermächte. Um 1980 spitzte sich die Lage durch die gegenseitige Raketennachrüstung zu. Nirgendwo in der Welt lagerten so viele Atombomben wie in West- und Ostdeutschland. Das Volk reagierte darauf mit der Friedensbewegung. Menschenketten von Stuttgart bis Ulm und ständige Proteste in Mutlangen zeigten massenhafte Proteste. Die evangelische Kirche veröffentlichte eine Friedensdenkschrift, die Reformierte Kirche rief den status confessionis aus: Entweder Atombomben oder Christus! Die historischen Friedenskirchen wie die Mennoniten wurden zum Vorbild für alle, die „ohne Rüstung leben" wollten. In den Demonstrationen gegen atomaren Terror, der „gegenseitige Abschreckung" genannt wurde – „Wer zuerst schießt, stirbt als Zweiter" – wurde Gewaltfreiheit eingeübt. Keine Gewalt aus der Demonstration – keine Gewalt gegen die Demonstration!

---

[8] J. Moltmann, Erfahrungen theologischen Denkens. Wege und Formen christlicher Theologie, Gütersloh 1999, 194-222.

Die Bergpredigt Jesu wurde für viele Christen zur Richtlinie. Und weil die Erinnerung an sie „gefährlich" wurde, versuchten sich Bundespräsident Carl Carstens und Bundeskanzler Helmut Schmidt in politischer Exegese. Der Text der Bergpredigt erschien in großen Tageszeitungen. Der evangelische Kirchenbund in der damaligen DDR verwarf feierlich „Geist, Logik und Praxis" dieser Massenvernichtungsmittel.[9] Die ökumenischen Friedensdekaden waren sehr gut besucht. Von 1980 an traf sich jeden Montagabend ein kleiner Kreis zu Friedensgebeten in der Nikolaikirche zu Leipzig. Dieser Friedenskreis wurde im Herbst 1989 zur Initialzündung für die massenhaften Demonstrationen, die zur Überwindung der DDR-Diktatur geführt haben. Es war die gewaltfreie Überwindung der Gewalt: Keine Gewalt aus der Demonstration – keine Gewalt gegen die Demonstration! Mit dem Ruf „Wir sind das Volk" erkämpften sich die Deutschen zum ersten Mal in ihrer Geschichte die Demokratie. Es war die erste gelungene Revolution in Deutschland, und dazu eine gewaltfreie! Das war wirklich ein „Wunder", es war, wie es damals in Deutschland hieß, „Wahnsinn".

Für mich folgte daraus im christlichen Umgang mit der Gewalt:

- 1. Macht aus Schwertern keine christlichen Schwerter,
- 2. Zieht euch nicht auf die christlichen Pflugscharen zurück,
- 3. Sondern macht die Schwerter zu Pflugscharen.

Das ist die Politik der Abrüstung bei gleichzeitigem Aufbau gerechten Friedens. Das ist die Konversion von Kriegsindustrie in Friedensindustrie: aus Stahlhelmen Kochtöpfe. Frieden ist möglich und wird in einer gewalttätigen Welt durch vertrauensbildende Maßnahmen geschaffen. Für die Kirche Christi geht damit das „lange Konstantinische Zeitalter" zu Ende. Sie wird zur staatsunabhängigen ökumenischen Kirche des Friedens werden. Die Einschränkungen der Kriege durch die Lehre vom „gerechten Krieg", nach der es im Grunde solche nicht gibt, wird durch die Lehre vom „gerechten Frieden" ins Positive gewendet.

2. Ökologische Theologie

1973 veröffentlichte der Club of Rome seine Studie „Die Grenzen des Wachstums". Die erste Ölkrise zeigte die Grenzen der Energieressourcen. Die evangelische Theologie ging sehr rasch auf die ökologischen Fragen ein: G. Altner, Schöpfung am Abgrund, 1974; G. Liedke, Im Bauch des Fisches, Ökologische Theologie, 1979.[10]

---

[9] J. Moltmann (Hg.), Friedenstheologie – Befreiungstheologie. Analysen – Berichte – Meditationen, KT 26, München 1988.
[10] Vgl. dazu jetzt H. Bedford-Strohm (Hg.), Und Gott sah, dass es gut war. Schöpfung und Endlichkeit im Zeitalter der Klimakatastrophe, Neukirchen-Vluyn 2009.

Die Landeskirchen wurden sich ihrer Verantwortung für das Land bewusst und richteten Stellen für Umweltbeauftragte ein. Aus der grünen, außerparlamentarischen Opposition wurde die Partei „Die Grünen". Das öffentliche Bewusstsein wandelte sich ziemlich schnell von der Wegwerfgesellschaft zur ökologischen Achtsamkeit. Die Ökumenischen Versammlungen in Basel und Dresden 1989 für „Gerechtigkeit, Frieden und die Bewahrung der Schöpfung" brachten die schweren Umweltzerstörungen in der sozialistischen DDR ins öffentliche Bewusstsein. Es wurde damals schon klar, dass der wirkliche Horizont der christlichen Kirchen nicht die Weltreligionen sind, sondern der Kosmos, wie Epheser- und Kolosserbrief sagen. Die Wahrnehmung der ökologischen Krisen, des Klimawandels und wachsenden Wüsten nötigt m.E. zu einer grundlegenden Systemveränderung in Wirtschaft, Politik und Lebensstil und folglich auch zu einem neuen Paradigma der theologischen und spirituellen Orientierungen. Es begann mit einer Neuinterpretation des Gebots „Macht euch die Erde untertan" und führt zur Überwindung des anthropozentrischen Denkens in der christlichen Theologie. Es begann mit der Erkenntnis des Gottesbundes der Erde und führt zur Überwindung der Ausbeutung der natürlichen und der menschlichen Ressourcen. Ökologische und soziale Ungerechtigkeit und Gewalttat entsprechen sich, darum müssen sich auch soziale und ökologische Gerechtigkeit entsprechen, um zu einem überlebensfähigen Frieden mit der Natur zu finden, – wenn die Menschheit leben und überleben soll. Climate change verlangt nach System change! Es sind neue Schöpfungslehren in der Theologie entstanden; eine „Theologie der Natur", selbst eine „natürliche Theologie" sind auf evangelischer Seite nicht mehr tabu. Denn es geht nicht mehr darum, Gott aus der Natur, sondern die Natur aus Gott zu erkennen.[11]

3. Feministische Theologie

Die Politische Theologie hat keine feministische Theologie hervorgebracht, aber die Feministische Theologie ist auch eine Politische Theologie, geht es doch nicht nur um die Überwindung des kulturellen Patriarchalismus, sondern auch um die „Menschenrechte für die Frau".[12] Elisabeth Schüssler Fiorenza, eine der in der Welt führenden feministischen Theologinnen, ist ebenfalls in diesem Band vertreten.

---

[11] J. Moltmann, Gott in der Schöpfung. Ökologische Schöpfungslehre, München 1985; Chr. Link, Schöpfung I: Schöpfungstheologie in reformatorischer Tradition, II: Schöpfungstheologie angesichts der Herausforderungen des 20. Jahrhunderts, Gütersloh 1991;. H. Bedford-Strohm, Schöpfung: Ökumenische Studienhefte 12, Göttingen 2001.

[12] Elisabeth Moltmann-Wendel, Menschenrechte für die Frau, München 1974.

4. Gegenwind

Die Politische Theologie war ursprünglich angetreten, die Privatisierungstendenzen der personalistischen und existentialistischen Theologie zu überwinden. Aber sie kehrten nach 1980 zurück in der sog. „Me-Decade". Statt „Revolution" trug man wieder „Religion", was immer das heißen sollte. Die marxistische Sozialkritik wich dem politisch geförderten „interreligiösen Dialog". Hatten Eberhard Jüngel und ich noch versucht, mit dem Atheismus ins Gespräch zu kommen, wurden die Weltreligionen jetzt zum Thema, so als gäbe es keine säkulare Welt mehr. In vielen Gemeinden wurden die Dritte-Welt-Gruppen durch Selbsterfahrungsgruppen ersetzt; Protest war out, Meditation war in; Metz und Moltmann verschwanden, Anselm Grün und Jörg Zink unterhielten die Kirchentage. Diese Selbsterfahrungswellen dauerten nicht lange, denn es geschahen politische „Zeichen und Wunder": der gewaltlose Zusammenbruch des Sowjetimperiums und die friedliche Überwindung des Apartheidregimes in Südafrika. In Lateinamerika gingen die Militärdiktaturen zugrunde, in Osteuropa demokratisierten die farbigen Revolutionen die sozialistischen Diktaturen. Aus der dipolaren Welt entstand eine globale Welt mit ihren neuen Problemen.

V. Entwicklungen Politischer Theologie weltweit

In ökumenischen Kontexten war die „Theologie der Befreiung" wirksamer als die Politische Theologie, weil sie ein materiales Stichwort gab und nicht nur einen Bereich für die Praxis und Theologie der Christenheit ansprach. Ich stelle in loser Folge die ökumenisch relevanten Befreiungstheologien zusammen:[13]

1. *Schwarze Theologie* war der Befreiung der Schwarzen in den USA vom weißen Rassismus gewidmet. James Cone, Union Theological Seminary, schrieb 1971 eine „Black Theology", die protestierende Christen mit der Black-Power-Movement verbinden wollte. Wir übernahmen die Übersetzung, die Frederick Herzog lieferte, sofort in unsere Reihe der Politischen Theologie,[14] stießen aber in Deutschland auf wenig Verständnis. In den amerikanischen Protesten gegen den weißen Rassismus und die soziokulturelle Unterdrückung der Nachkommen

---

[13] Zu diesem Abschnitt ausführlicher J. Moltmann, Erfahrungen theologischen Denkens. Wege und Formen christlicher Theologie, Kap. III: Spiegelbilder befreiender Theologie: Schwarze Theologie für Weiße; Lateinamerikanische Befreiungstheologie für die Erste Welt; Minjung-Theologie für die herrschenden Klassen; Feministische Theologie für Männer; Unbeantwortete Fragen, Gütersloh 1999, 166-265.
[14] J. H. Cone, Schwarze Theologie. Eine christliche Interpretation der Black-Power-Bewegung, München/Mainz 1971; G. S. Wilmore / J. H. Cone, Black Theology. A Documentary History 1966-1979, New York 1979.

der schwarzen Sklaven wurde Schwarze Theologie umstritten und sehr einflussreich, wenn ich recht sehe besonders bei weißen Christen und Theologen. Die schwarze Protestbewegung hatte zwei Führer: den gewaltfreien Martin Luther King jr. und den gewaltbereiten Malcom X. Jim Cone versuchte Zeit seines Lebens, beide miteinander zu verbinden.[15]

2. *Minjung Theologie* wurde von dem Neutestamentler Ahn, Byun-Mu in Südkorea entwickelt.[16] Ahn hatte in Heidelberg studiert und mit einer Arbeit über Jesus und den *ochlos* im Markusevangelium promoviert. Nach Korea zum Hankuk Seminary zurückgekehrt, übersetzte er *ochlos* mit Minjung und unterstützte mit seiner Galilea-Gemeinde in Seoul die Volksprojekte. Er wurde wie das koreanische Minjung von den Militärdiktaturen verfolgt und zu Gefängnisstrafen verurteilt. Ich kannte ihn und den Mitbegründer Suh, Nam Dong gut. Ich war fasziniert von der Tatsache, wie eine exegetische Entdeckung – die aktive Rolle des ochlos in der Geschichte Jesu nach Markus – eine gegenwärtige befreiende christliche Bewegung hervorgerufen hatte. Das war seit Luthers Entdeckung des rechtfertigenden Evangeliums nicht oft geschehen. Es gibt heute viele Minjung-Pfarrer in Korea, obwohl die Minjung-Theologie etwas an Boden verloren hat. Warum? Wie mein Freund David Suh ironisch sagte: „Seit das Minjung in Seoul Auto fährt ...", sind es nicht mehr die unterdrückten Armen.

3. Aus den lokalen, kontextuellen Befreiungstheologien nenne ich die japanische *Barakumim-Theologie* und die indische *Dalith-Theologie*. Es geht um die Freiheit der in einer bestimmten Gesellschaft Ausgeschlossenen und Unterdrückten. Die Barakumim in Japan sind die „unreinen Arbeiter", die seit Jahrhunderten aus der japanischen Gesellschaft ausgeschlossen sind. Ihre Befreiungsbewegung entstand Anfang 1920 und hat bis heute das Symbol der Dornenkrone, aber ohne den gekreuzigten Nazarener. Mitte der Neunziger Jahre entwickelten dann christliche Theologen eine Theologie der Befreiung der Barakumim. In Indien sind die kastenlosen Dalith seit Jahrtausenden aus rassischen, kulturellen und religiösen Gründen ausgeschlossen und zu Armut und unreiner Arbeit verdammt. Dalith-Theologie versucht, den fatalistischen Karma-Glauben zu durchbrechen und die Dalith zum Aufstand in ihre Menschenwürde zu bewegen.

---

[15] J. H. Cone, Martin & Malcom & America. A Dream or a Nightmare?, New York 1991.
[16] Ahn, Byung-Mu, Draußen vor der Tür. Kirche und Minjung in Korea, hg. von W. Gluer, Göttingen 1986; W. Kröger, Die Befreiung des Minjung. Das Profil einer protestantischen Befreiungstheologie für Asien in ökumenischer Perspektive, München 1992; J. Moltmann (Hg.), Minjung. Theologie des Volkes Gottes in Südkorea, Neukirchen-Vlyun 1984.

Zwei Probleme entstehen bei solchen Ausweitungen und Übertragungen der Befreiungstheologie in andere Kontexte:

1. In Lateinamerika sind die Armen durchweg Christen. Christliche Theologie bringt ihnen im Namen Christi Befreiung und Gerechtigkeit. In Asien aber sind – außer Korea und den Philippinen – die Masse der Armen und Unterdrückten Shintoisten oder Hindu oder Moslems. Sie brauchen ihre Befreiung von der Unterdrückung, aber keine christliche Theologie.

2. Dadurch kommt es, dass in diesen Bereichen die christlichen Motive schwächer werden und die humanistischen oder marxistischen stärker. Die Armen sollen aus passiven Objekten der Geschichte der Mächtigen zu aktiven Subjekten ihrer eigenen Lebensgeschichte werden. Wenn sie sich aus Unterwerfung zur Freiheit erheben, werden sie zur Vorhut einer befreiten Menschheit. Für diese Erhebung zum Subjekt und zur Gleichheit braucht es keine christliche Theologie, es sei denn, um Christen in dieses Menschheitsprojekt hineinzuführen und an ihm zu beteiligen.

Was haben Politische Theologie in Europa und Befreiungstheologie in den Ländern der Dritten Welt gemeinsam?

Das berühmte Kairos-Dokument, das zum Sturz des menschenverachtenden Apartheitsregimes in Südafrika beigetragen hat, unterschied: 1. Kirchentheologie, 2. Staatstheologie, 3. Prophetische Theologie.

Als prophetische Theologie ist Politische Theologie Befreiungstheologie und Befreiungstheologie politische Theologie.

Johann Baptist Metz

Zweierlei Politische Theologie

I.

Beginnen wir mit einer (zu?) einfachen Unterscheidung, mit der Unterscheidung zwischen der alten, gewissermaßen „klassischen" Politischen Theologie und der neuen Politischen Theologie. Erstere soll hier nur in einem gerafften historischen Durchblick erinnert werden. Diese „klassische" Politische Theologie macht von ihrem Begriff vor allem einen staats- und rechtspolitischen Gebrauch. Der kann sich jedenfalls auf die Grundintention des tradierten Begriffs „Politische Theologie" stützen. Schließlich geht die Rede von „Politischer Theologie" auf die Stoa und ihre Dreiteilung von mythischer, natürlicher und politischer Theologie zurück. Dabei diente diese Politische Theologie im antiken Rom der religiösen Legitimierung des „absoluten" und „infalliblen" Staates. Reflexe dieser politischen Staatsmetaphysik Roms finden sich auch in frühchristlichen Theologien, z.B. in der sog. byzantinischen Reichstheologie des Eusebius. Vor allem seit der Renaissance wurde diese römische Politische Theologie wieder aufgegriffen – bei Macchiavelli, dann bei Hobbes. Schließlich wirkt sie in den aufklärungs- und demokratiekritischen Positionen des französischen Traditionalismus und auch in der restaurativen Idee eines „christlichen Staates" im Umkreis der politischen Romantik wie in rechtshegelianischen Rechts- und Staatstheorien nach. In der Atmosphäre dieser Traditionen konnte Carl Schmitt im vergangenen Jahrhundert seine „Politische Theologie" (erstmals 1922) vortragen und seine Gegnerschaft zur Weimarer Republik wie überhaupt zur parlamentarischen Demokratie zugunsten eines strikt dezisionistischen Staatsgedankens begründen. Über den Zusammenhang der Politischen Theologie Schmitts mit dem Denken von Leo Strauss und dessen Rückgriff auf den klassischen Naturrechtsbegriff wie überhaupt über die jüngere Rezeptionsgeschichte Schmitts in Europa und in den USA kann ich hier nicht berichten.[1]

Obwohl diese politische Staatstheologie vor allem in den Zeiten verschärfter Ungewissheit immer wieder neue Aufmerksamkeit fand und

---

[1] Vgl. dazu die Hinweise bei J. Manemann, Carl Schmitt und die Politische Theologie, Münster 2002, spez. 201-213.

findet, hat Carl Schmitt selbst (1963) das Schlusswort zu dieser Politischen Theologie gesprochen: „Die Epoche der Staatlichkeit geht jetzt zu Ende. Darüber ist nun kein Wort mehr zu verlieren."[2] Schön wäre es, wenn die Piusbrüder und ihre Sympathisanten im Vatikan das auch wüssten! Die aber betreiben Politische Theologie als Staatlichkeitsideologie ungeschmälert weiter – auf der Suche nach dem „Katholischen Staat".

II.

Nun aber zur Neuen Politischen Theologie. Ich spreche hier vor allem über die Situation in der katholischen Theologie, freilich ständig auch in ökumenischer Absicht (was mein Freund Jürgen Moltmann gewiss bestätigen wird). Um der gebotenen Kürze willen schildere ich den Ansatz dieser Neuen Politischen Theologie aus der Sicht meiner theologischen Biographie.[3] Sie ist vor allem von einem Namen geprägt, von dem meines Lehrers und Freundes Karl Rahner. Über ihn habe ich mich in die Traditionsstränge katholischer Theologie eingefädelt. Mit seiner „anthropologischen Wende" der Gottesrede hat Rahner die katholische Theologie in eine produktiv-kritische Auseinandersetzung mit dem Geist der Moderne geführt wie kaum ein anderer zuvor. Meine kritischen Rückfragen an Rahner beziehen sich auf die Durchführung dieser „anthropologischen Wende". Die kann nämlich m.E. nicht rein bewusstseinsphilosophisch – also nicht im Stil transzendentalen Identitätsdenkens – vollzogen werden, sie muss vielmehr von vornherein im Blick auf den Menschen in Geschichte und Gesellschaft geschehen, d.h. sie muss im Stil eines dialektischen Zeitlichkeitsdenkens verfahren. Vielleicht hätte ich dieses Anliegen immer auch als eine Form „dialektischer Theologie" bezeichnen sollen (wobei „Dialektik" vor allem für die Kritik an der Zeit- und Geschichtslosigkeit des Logos der christlichen Theologie steht), ich aber sprach ausschließlich von „Politischer Theologie" – wohl zu unbekümmert um den semantischen Druck, den die „klassische" Politische Theologie (von der Stoa bis zu C. Schmitt) auf diesen Begriff ausüben würde.[4] Die Neue Politische

---

2 Hier zitiert nach R. Spaemann, Legitimer Wandel der Lehre, in: FAZ vom 1.10.2009, S. 7.
3 Vgl. dazu vor allem: Zur Theologie der Welt, Mainz 1968 u.ö.; Glaube in Geschichte und Gesellschaft, 5. Auflage, Mainz 1992 (mit neuem Vorwort); Zum Begriff der Neuen Politischen Theologie 1967-1997, Mainz 1997; Memoria Passionis. Ein provozierendes Gedächtnis in pluralistischer Gesellschaft, Freiburg 2006 u.ö.; vgl. auch: Geschichte wagen. Ein Brief über Treue zu Karl Rahner, in: R. Migelbrink / D. Sattler / E. Zenger (Hg.), Gotteswege. Für Herbert Vorgrimler, Paderborn 2009, 63-67. Zu diesem „Geschichtsblick" im „Paradigma einer Neuen Politischen Theologie" vgl. vor allem J. Reikerstorfer, Weltfähiger Glaube, Münster 2008.
4 Über neue, durchaus auch betont kritische Anregungen zum Problemkreis der

Theologie verwendet jedenfalls den Begriff in strikt theologischer Absicht. „Politisch" nannte sie sich zunächst zur Kennzeichnung ihres korrektivischen Einspruchs gegen eine nachscholastische katholische Theologie, die mit der Tendenz zu einer undialektischen Privatisierung ihres (inzwischen anthropologisch gewendeten) Logos versuchte, über die Herausforderungen der politischen Aufklärung hinauszukommen, ohne durch sie hindurchgegangen zu sein.

Dieser Neuen Politischen Theologie ging es von Anfang an um eine theologische Neueinschätzung der bereits in der Spätscholastik und vor allem im Nominalismus einsetzenden Prozesse der Moderne und speziell der Prozesse der politischen Aufklärung mit der damit verbundenen Wende „des Politischen", ohne dabei eine undialektische, für die inneren Widersprüche dieser modernen Lernprozesse blinde Anpassung zu betreiben.

In seinem jüngsten Interview mit Eduardo Mendieta bestätigt Jürgen Habermas, dass es auch für ihn zweierlei Politische Theologie gebe, eine antiaufklärerische und – im Blick auf die Neue Politische Theologie – eine, die die Traditionen der Aufklärung aufnimmt und die in ihrer „Zeitempfindlichkeit" eine Brücke für die Philosophie zur zeitgenössischen Theologie bilden könne.[5] Mein kritischer Vorbehalt gegenüber Habermas gilt seiner undialektischen Charakterisierung des „Zeitlichkeits"-Denkens durch das Wort „nach" („post"), derzufolge wir heute in einer posttraditionalen, in einer nachmetaphysischen ... Zeit leben, so als hätten „Tradition", „Metaphysik" usw. keinerlei wirkende Gegenwart mehr, nicht einmal auf die Weise der negativen Dialektik des Vermissungswissens. Mit dieser kritischen Bemerkung will die Neue Politische Theologie (die ja – ich wiederhole mich – auch als neue Form „dialektischer" Theologie verstanden werden kann) ihre Bejahung der Lernprozesse der modernen Vernunft und der daraus resultierenden politischen Aufklärung nicht erneut in Frage stellen, sondern nur auf dies aufmerksam machen: Wo sich die moderne Vernunft im Namen von Aufklärung der geschichtlichen Dialektik von Erinnern und Vergessen ganz und gar zu entziehen sucht, wo sie also die „Dialektik der Aufklärung" zugunsten einer erinnerungs- und erzählfreien, einer in diesem Sinn rein diskursiven Rationalität preisgibt, gründet sie m.E. die modernen Aufklärungsprozesse zwangsläufig auf ein Ver-

---

Neuen Politischen Theologie informiert sowohl das Jahrbuch Politische Theologie Bd. 5 (2008), hrsg. von J. Manemann und B. Wacker unter dem Titel Politische Theologie – gegengelesen (dort auch mein Beitrag: Mit dem Gesicht zur Welt. Eine theologisch-biographische Auskunft, 1-9) wie das von Th. Polednitschek / M.J. Rainer / J.A. Zamora herausgegebene „Arbeitsbuch" unter dem Titel „Theologisch-politische Vergewisserungen", Münster 2009. Schließlich liest sich das Buch von T.R. Peters, Mehr als das Ganze. Nachdenken über Gott an den Grenzen der Moderne, Ostfildern 2008, in vielen Passagen als produktiv-kritische Behandlung von Problemkreisen der Neuen Politischen Theologie.
[5] Deutsche Zeitschrift für Philosophie 58 (2010) H.1, 3-16, hier: 16.

gessen und stabilisiert damit die heute herrschende kulturelle Amnesie mit ihrem äußerst schwachen Bewusstsein von dem, „was fehlt", was „zum Himmel schreit". Dieses Bewusstsein zu stärken und öffentlich wachzuhalten gehört zu „dem Politischen" in der gegenwärtigen Epoche seiner Gesellschaftlichkeit, also auch zum „Begriff des Politischen" in der Neuen Politische Theologie, die sehr wohl zwischen der Säkularisierung des Staates und der Dialektik der Säkularisierung in der Gesellschaft zu unterscheiden weiß.[6] Deshalb auch betrachtet sie eine im Zuge der undialektischen Anpassung an die gesellschaftlichen Aufklärungsprozesse entstandene „bürgerliche Religion" keineswegs als überzeugende Wiederholung der Gründungsgeschichte des Christentums in der europäischen Moderne.[7]

III.

Die Neue Politische Theologie versteht sich als eine fundamentale Theologie. Sie will Auskunft geben über die christliche Gottesrede in dieser Zeit. Sie will eine zeitempfindliche und in diesem Sinn auch lernpflichtige Gottesrede sein. Wie heute von Gott reden?[8] Ich setze noch einmal kurz bei Rahner an. Er war immer ein theologischer Universalist. Er wehrte sich gegen die ekklesiologische Verschlüsselung der Gottesrede. Für ihn war der Gott der biblischen und christlichen Traditionen kein reines Kirchenthema, sondern ein Menschheitsthema. War das vielleicht am Ende schon „seine" Politische Theologie? Wie immer, in Treue zu seiner anthropologisch gewendeten Rede von Gott suchte die Neue Politische Theologie ein öffentlich zugängliches Verständnis für einen pluralismusfähigen, strikt gewaltfreien und antitotalitären Universalismus der christlichen Gottesrede. Auch heute, gerade heute. Universal im Sinne eines „konkreten Universalismus" kann die christliche Gottesrede aber heute nur sein, wenn sie sich in ihrem Kern als eine für fremdes Leid empfindliche und als eine in handelnder Mitleidenschaft Gerechtigkeit suchende Rede erweist.[9]

---

6 Das bekannte Böckenförde-Axiom, wonach der säkulare demokratische Rechtsstaat von Voraussetzungen lebt, die er nicht selbst garantieren kann, verweist für diese Garantie nicht unmittelbar auf die Religion, sondern auf die Gesellschaft, von der freilich auch J. Habermas betont: „Der vom Staat auf die Zivilgesellschaft verschobene Begriff des *Politischen* wahrt auch innerhalb des säkularen Verfassungsstaates einen Bezug zur Religion."
7 Vgl. J.B. Metz, Jenseits bürgerlicher Religion. Reden über die Zukunft des Christentums, Mainz 1980 u.ö.
8 „Gott ist „immer" gerade „heute" Gott." Vgl. zu diesem Satz von D. Bonhoeffer die Interpretation von T.R. Peters (vgl. Anm. 4) S.11 ff.
9 Dieser „konkrete Universalismus" weiß sich gestützt von der negativen Dialektik der memoria passionis, des Eingedenkens fremden Leids. Hier zeigen

Deus caritas est, Gott ist Liebe, betonte die erste große Enzyklika Benedikts XVI. Gewiss, doch es gibt einen zweiten biblischen Gottesnamen, der auch in der neutestamentlichen Botschaft Widerhall und Bestätigung findet und der deshalb auch nicht aus dem Gedächtnis der Christen verschwinden darf: Deus et iustitia est, Gott ist auch Gerechtigkeit. Für den christlichen Glauben ist Gerechtigkeit nicht nur ein politisches, nicht nur ein sozialethisches Thema, sondern ein strikt theologisches: eine Glaubensauskunft über Gott und seinen Christus. Gerechtigkeit als Gottesname mag für die Rede von einem platonischen Ideengott vernachlässigbar erscheinen, unverzichtbar ist er aber für den biblisch bezeugten Geschichtsgott. Dieser Gottesname setzt die biblisch fundierte Gottesrede immer neu den geschichtlichen Erfahrungen der Menschen aus. Deshalb muss diese Gottesrede eine zeitempfindliche Rede sein, die nicht nur erklärt, sondern auch erfährt, und die nicht nur belehrt, sondern auch selber lernt. An der Wurzel dieses biblischen Gottesnamens schlummert nämlich immer auch eine ausstehende Gerechtigkeitsfrage, die Frage nach der Gerechtigkeit für die unschuldig und ungerecht leidenden Opfer unseres geschichtlichen Lebens.

Die literarische Heimat für den Zusammenhang von Gottesfrage und Gerechtigkeitsfrage lässt sich in den biblischen Texten und ihrer Theodizee entdecken, also dort, wo die Passionsgeschichte der Menschen von Anfang an in die Botschaft vom gerechtigkeitschaffenden Heil der Menschheit eingerückt ist. Die Sprache dieser Traditionen sucht dem Schrei der Menschen ein Gedächtnis zu geben und der Zeit der Welt ihre Zeitlichkeit, d.h. ihre Frist. Der späte Einbruch des Zeitlichkeitsdenkens in die Religionen und Kulturen der Welt durch die biblische Apokalyptik – gestützt von der Krisensprache der Propheten und von der Leidenssprache der Psalmen – darf inzwischen als religions- und kulturhistorisch anerkannt gelten. Diese „Verzeitlichung der Welt", diese Wende der „ewigen Zeit" in ihre „Verzeitlichung", d.h. in ihre Befristung, kann als Alleinstellungsmerkmal der jüdisch-christlichen Religion in der Religionsgeschichte der Menschheit gelten. Das biblische Zeitlichkeitsdenken war nicht nur dem vorderasiatischen, sondern auch dem griechisch-mediterranen Religions- und Kulturraum unbekannt, und das gilt sowohl für die (von Nietzsche quasi postmodern erneuerte) „ewige Zeit" der Vorsokratiker wie auch für den „ewigen Kosmos" der griechischen Klassik. Kein Wunder, dass nicht nur die frühchristlichen Platoniker, sondern auch noch der christliche Aristoteliker Thomas von Aquin große Mühe hatten, die Ver-

---

sich Einflüsse aus den Werken W. Benjamins und vor allem Th.W. Adornos und aus deren beider „negativer Metaphysik". Vgl. hierzu aus dem Umkreis der Neuen Politischen Theologie die herausragende Adorno-Arbeit von J.A. Zamora, Krise – Kritik – Erinnerung. Ein politisch-theologischer Versuch über das Denken Adornos im Horizont der Krise der Moderne, Münster 1995.

zeitlichung der Welt (in Schöpfungslehre und Eschatologie) zu vertei-
digen. Wo sie nicht gelang, drohte immer der Verrat der biblischen
Zeitbotschaft an eine dualistische Gnosis mit ihrem Axiom von der
Heillosigkeit der Zeit und der Zeitlosigkeit des Heils (J. Taubes) – eine
Gefahr, die von Anbeginn (seit Markion) den Logos der christlichen
Eschatologie begleitet.

Die apokalyptischen Texte der Bibel sind in ihrem Kern keineswegs
Dokumente über leichtsinnige oder zelotisch angeschärfte Untergangs-
phantasien, sondern literarische Zeugnisse einer Weltwahrnehmung,
die die Antlitze der Opfer „aufdecken" will, Zeugnisse einer Weltsicht,
die das „enthüllt", was wirklich „der Fall ist" (vgl. Offb.1,9) – gegen
die in allen Weltanschauungen immer wieder auftauchende Neigung
zur mythischen oder metaphysischen Verschleierung des himmel-
schreienden Unglücks in der Welt und gegen jene kulturelle Amnesie,
die heute auch die vergangenen Leidenden unsichtbar und ihre Schreie
unhörbar macht.

Die biblische Apokalyptik „enthüllt" die Spur der Leidenden in der Geschichte der Menschheit. Sie kann dazu anregen, jenes einzige große
Narrativ, jene einzige „Großerzählung" zu formulieren, die uns heute –
nach der Religions- und Ideologiekritik der Aufklärung, nach
Marxismus und nach Nietzsche und nach den postmodernen Fragmen-
tierungen der Geschichte – überhaupt noch geblieben ist: die Lesbar-
keit der Welt als Passionsgeschichte der Menschen.[10] „Selig, die
Trauernden", sagt Jesus in der Bergpredigt. „Selig, die Vergesslichen",
verkündet Friedrich Nietzsche als Prophet der Postmoderne. Was aber
wäre, wenn sich die Menschen eines Tages nur noch mit der Waffe des
Vergessens gegen das Unglück und das Leiden in der Welt wehren
könnten? Wenn sie ihr eigenes Glück nur auf das mitleidlose Vergessen der Opfer bauen könnten, also auf eine kulturelle Amnesie, in
der eine als fristlos imaginierte Zeit alle Wunden heilen soll? Woraus
könnte dann der Aufstand für unschuldig und ungerecht Leidende in
der Welt noch seine Kraft ziehen? Was würde dann überhaupt noch zu
einer größeren Gerechtigkeit, zum Ringen um eine „gemeinsame
Augenhöhe" der Menschen in der Einen Welt inspirieren? Und was
wäre, wenn in unserer säkularen Welt die Vision von einer letzten Gerechtigkeit endgültig verlöschen würde?

In den gegenwärtig wuchernden Angeboten von „Spiritualitäten"
müssten sich gerade Christen an den messianischen Grundzug ihres
Christentums und seiner Spiritualität erinnern lassen. Jesu erster Blick
ist ein messianischer Blick. Er gilt zunächst nicht der Sünde der an-

---

[10] Damit lässt sich m.E. – via negativa, in einer Art negativer Dialektik des Lei-
densgedächtnisses – jener Universalismus formulieren, der die Rede vom biblischen Gott als gewaltfreie und durchaus pluralismusfähige Rede nicht nur zu einem Kirchenthema, sondern zu einem Menschheitsthema machen kann.

deren, sondern ihrem Leid.[11] Diese messianische Leidempfindlichkeit hat nichts zu tun mit Wehleidigkeit, nichts mit einem unfrohen Leidenskult. Sie hat aber alles zu tun mit einer biblischen Mystik der Gerechtigkeit: Gottesleidenschaft als handelnde Mitleidenschaft, als praktische Mystik der Com-passion. Ein Christentum, das sich an seiner biblischen Wurzel fasst, bekommt es immer wieder damit zu tun. Haben sich die Christen von der urbiblischen Gerechtigkeitsfrage vielleicht viel zu schnell und viel zu früh verabschiedet? Hat sich das Christentum – im Lauf der Zeit – zu ausschließlich als eine sünden-empfindliche und zu wenig als eine leidempfindliche Religion inter-pretiert? Warum z.B. tut sich die Kirche mit unschuldigen Opfern immer schwerer als mit schuldigen Tätern? Solche Fragen sind nicht rein spekulativ auszuräumen, auch nicht mit rein moralischen Appellen. Aber vielleicht mit einem kirchlichen Rechtsverständnis, das unter dem Primat einer rettenden Gerechtigkeit für die unschuldig lei-denden Opfer und die an ihrer Schuld leidenden Täter steht. Eine genauere Verfolgung dieser Frage ist die Neue Politische Theologie bis heute schuldig geblieben. Zu wenig hat sie den Zusammenhang von Gerechtigkeit und Recht, von eschatologischer Gottesgerechtigkeit und kirchlichem Recht durchgefragt.

Der christliche Glaube ist jedenfalls ein gerechtigkeitssuchender Glaube. Gewiss, Christen sind dabei immer auch Mystiker, aber eben nicht ausschließlich Mystiker im Sinne einer spirituellen Selbster-fahrung, sondern im Sinne einer spirituellen Solidaritätserfahrung. Sie sind vor allem „Mystiker mit offenen Augen". Ihre Mystik ist keine antlitzlose Naturmystik. Sie führt vielmehr in die Begegnung mit den leidenden Anderen, mit dem Antlitz der Unglücklichen und der Opfer. Sie gehorcht der Autorität der Leidenden. Die in diesem Gehorsam aufbrechende Erfahrung wird für diese Gerechtigkeitsmystik zwar nicht zum säkularen Äquivalent, wohl aber zum irdischen Vorschein der Nähe Gottes in seinem Christus: „Herr, wann hätten wir dich je leidend gesehen? ... Und er antwortete ihnen: Wahrlich, ich sage euch, was ihr einem dieser Geringsten getan habt, habt ihr mir getan" (Matthäus 25).

Mit diesem biblisch-apokalyptischen Impuls und seinem Gerechtig-keitspathos beteiligt sich der zeit- und leidempfindliche Logos der Neuen Politischen Theologie auch am Ringen um eine universale Au-torität in einer strikt pluralistischen Weltgesellschaft. Was verhindert denn, dass unsere globalisierte Welt am Ende nicht doch in unbe-herrschbaren Religions- und Kulturkämpfen implodiert, z.B. hier Christentum – dort Islam, hier der Westen – dort die orientalische

---

[11] Die Betonung dieser messianischen Perspektive der neutestamentlichen Bot-schaft will (wie so vieles bei mir) vor allem ein Korrektiv sein, ein Korrektiv gegenüber der Gefahr eines einseitigen Sündenabsolutismus, der in der Geschichte der Kirche immer wieder aufgetaucht ist.

Welt? Was ist es denn, das unsere Welt auch in diesen Zeiten der Globalisierung in Frieden zusammenhalten kann? Der Satz von der elementaren Gleichheit aller Menschen, diese stärkste Vermutung über die Menschheit, hat ein biblisches Fundament. Seine moralische Wendung, in der er vom Christentum angenommen und mit der Botschaft der unzertrennbaren Einheit von Gottes- und Nächstenliebe, von Gottesleidenschaft und handelnder Mitleidenschaft verkündet wird, lautet etwa: Es gibt kein Leid in der Welt, das uns nicht angeht. So verweist dieser Satz von der elementaren Gleichheit aller Menschen auf die Anerkennung einer Autorität, die allen Menschen zugänglich und zumutbar ist, auf die Autorität der Leidenden, der ungerecht und unschuldig Leidenden. Er zielt auf eine Autorität, die vor jeder Abstimmung und Verständigung alle Menschen, ja alle, ob religiös oder säkular, verpflichtet und die deshalb von keiner humanen, auf die Gleichheit aller Menschen pochenden Kultur und von keiner Religion, auch von der Kirche nicht, hintergangen und relativiert werden kann. Deshalb auch wäre die Anerkennung dieser transkulturellen Autorität jenes Kriterium, das den Religions- und Kulturdiskurs in globalisierten Verhältnissen orientieren könnte. Sie wäre schließlich die Basis eines Friedensethos für eine strikt pluralistische Weltöffentlichkeit.

Elisabeth Schüssler Fiorenza

Die kritisch-feministische The*logie der Befreiung
Eine entkolonisierend-politische The*logie

Da es viele verschiedene Formen feministischer The*logie gibt,[1] ist es wichtig zu betonen, dass ich hier nicht als die Vertreterin der feministischen The*logie[2] schlechthin spreche, sondern nur meinen eigenen theoretischen Ansatz einer kritischen feministischen The*logie, die sich als eine entkolonisierende-politische The*logie der Befreiung versteht, vertrete. Obwohl mein Ansatz sich ausdrücklich politisch, entkolonisierend und befreiungsthe*logisch versteht, zögere ich, eine kritische feministische The*logie entweder der Befreiungsthe*logie, der Postkolonialen The*logie[3] oder der politischen The*logie zuzuordnen. Dies ist der Fall, weil alle drei Formen progressiver The*logie nicht bedacht haben, dass bis vor kurzer Zeit alle *Frauen*[4] ohne Ausnahme

---

[1] Zur Entwicklung feministischer The*logie in Deutschland vgl. Gisela Matthiae / Renate Jost / Claudia Janssen / Annette Mehlhorn / Antje Röckemann (Hg.), Feministische Theologie: Initiativen, Kirchen, Universitäten – Eine Erfolgsgeschichte (Gütersloh: Gütersloher Verlaghaus, 2008); Für eine theoretische Aufarbeitung vgl. Regina Ammicht Quinn, Re-Vision von Wissenschaft und Glaube: Zur Geschlecherdifferenz in der Theologie, in Hadumond Bussmann / Renate Hof (Hg.), Genus: Geschlecherforschung/Gender Studies in den Kultur- und Sozialwissenschaften(Stuttgart: Alfred Kröner Verlag, 2005), 559-589.

[2] The*logie ist vom Griechischen theo/a legein = über G*tt sprechen. Da G*tt weder weiblich noch männlich ist, genügt es nicht, wie Carol Christ vorgeschlagen hat, die maskuline Schreibung Theo mit der Femininen Thea zu ersetzen. Um die Unangemessenheit unseres Sprechens über G*tt in vergeschlechtlichten Begriffen kenntlich zu machen, hatte ich in meinen Büchern Discipleship of Equals und But She Said die jüdisch orthodoxe Schreibweise des Namens G-ttes übernommen, die anzeigt, dass der Name G*ttes unaussprechlich ist. Jedoch haben mich jüdische FeministInnen darauf hingewiesen, dass eine solche Schreibweise auf sie negativ wirkt, weil sie einen sehr konservativen, wenn nicht gar reaktionären theologischen Bezugsrahmen nahe legt. Daher begann ich das Wort G*tt in dieser Form zu schreiben, um so in sichtbarer Weise unser Denken und unser Sprechen über das G*ttliche bewusst zu machen und zu destabilisieren.

[3] Ich verstehe mein Werk nicht als eine postkoloniale The*logie, da postkolonialen Theorien vielfach eine kritisch-feministische Analytik fehlt. Vielmehr verstehe ich es als eine kritisch-feministische The*logie, deren Prozesse der Bewusstwerdung (conscientization//consciousness raising) entkolonisierend wirken. Siehe mein Buch The Power of the Word: Scripture and the Rhetoric of Empire (Minneapolis: Fortress Press, 2007), 111-129 .

[4] Postmoderne feministische Studien haben die Funktion des Bedeutungsträgers

von The*logie und Wissenschaft ausgeschlossen waren und in vielen
Ländern immer noch sind. Die große Mehrzahl der Armen und Ent-
rechteten waren und sind immer noch *Frauen* und ihre Kinder, die in
den drei genannten Formen progressiver The*logie theoretisch nicht in
den Blick kommen.

I. Eine kritische feministische politische The*logie
entkolonisierender Befreiung

Das religiöse und kulturelle Ausschließen von *Frauen* aus dem öffentlichen und wissenschaftlichen Bewusstsein geschieht zuerst und vor
allem durch die Sprache.[5] Feministische Theorie und The*logie hat
eindrücklich darauf hingewiesen, dass androzentrische oder besser
kyriozentrische Sprache als Herrschaftssprache wirkt, da sie die An-
wesenheit von *Frauen* in Gesellschaft und Kirche marginalisiert oder
ganz unsichtbar macht und unser geschichtliches Handeln mit Schweigen übergeht. Sie schließt *Frauen* als handelnde Subjekte aus dem
öffentlichen Diskurs und Bewusstsein aus, indem sie *Frauen* unter das
angeblich generische Maskulinum subsumiert und unser Pochen auf
Anerkennung trivialisiert.

Aber dieses Ausschließen von *Frauen* aus dem öffentlichen kulturellen
und religiösen Bewusstsein geschieht nicht nur durch die Sprache.
Frauen waren ja durch die Jahrhunderte hinweg durch Gesetz und
Brauch nicht nur aus The*logie und Wissenschaft ausgeschlossen. Es
war ihnen auch verboten, in der Öffentlichkeit von Kirche und Gesell-

---

Frau/weiblich problematisiert. Kritische Postkoloniale und Befreiungsstudien haben dagegen davor gewarnt, die feministischen theoretischen Gender-Analysen
von ihrer soziopolitischen Funktion zu abstrahieren, da sie so das kulturelle Ideal
der weißen „Lady" nur verfestigen. Diese Problematisierung der Basiskategorien
feministischer Analyse haben Selbstverständnisse und Praktiken des feministischen
Subjekts in eine Krise geführt. Ich versuchte, die Krise zu kennzeichnen, indem ich
„wo/men" in einer gebrochenen Form geschrieben habe. Diese Schreibung versucht nicht nur, die Kategorie der Frau („woman") zu problematisieren, sondern
auch zu zeigen, dass Frauen („women") nicht eine einheitliche soziale Gruppe
sind, sondern durch Strukturen der Rasse, Klasse, der Ethnizität, Religion, Hetero-
sexualität, des Kolonialismus und des Alters fragmentiert sind. Ich habe diese
Schreibung eingeführt, weil ich nicht der Meinung bin, dass FeministInnen den
sozial-kollektiv bestimmten Begriff „Frauen" („wo/men") völlig aufgeben und
durch die analytische Kategorie des Geschlechts („gender") ersetzen können, solange wir die Gegenwart von Frauen (wo/men) in und durch unsere eigenen feministischen Diskurse nicht marginalisieren und auslöschen wollen. Da diese
Schreibweise im Deutschen nicht möglich ist, schreibe ich Frauen kursiv und setze
verdeutlichend „und andere Untermenschen" hinzu.

[5] Hadumod Bussmann, Haben Sprachen ein Geschlecht? Genus/gender in der
Sprachwissenschaft, in Hadumod Bussmann / Renate Hof (Hg.), Genus: Ge-
schlecherforschung/Gender Studies in den Kultur- und Sozialwissenschaften
(Stuttgart: Alfred Kröner Verlag, 2005), 483-518.

schaft autoritativ zu sprechen. Ich erinnere nur an Schrifttexte wie 1 Kor 14 „Die Frau schweige in der Ekklesia" und den 1. Timotheusbrief, der einer Frau verbietet, zu lehren und Macht über Männer auszuüben, oder an das heutige päpstliche Verbot, für die *Frauen*ordination oder die Ethik des Schwangerschaftsabbruchs öffentlich zu argumentieren.

Eine kritische feministische The*logie entkolonisierender Befreiung ist daher zuerst eine „gefährliche Erinnerung" an die vielen *Frauen*, die im Namen G*ttes gehandelt und gesprochen haben und immer noch handeln, deren Handeln aber in Gesellschaft, Kirche und The*logie oft mit Schweigen oder Verfolgung quittiert worden ist und immer noch wird. Ich erinnere hier nur an die blutige Geschichte der Hexenverfolgung, oder an die Beginen, die im ausgehenden Mittelalter Teil einer religiösen Erneuerungsbewegung waren, die mit der Begründung verboten wurde, dass sie frei und nach eigenem Willen und Belieben lebten.

Da *einerseits alle Frauen – ob weiß, schwarz, afrikanisch, asiatisch oder eingeboren* – von the*logischer Lehrautorität ausgeschlossen wurden und immer noch werden und andererseits bis zur Neuzeit The*logie als Paradigma für alle anderen Wissenschaften gedient hat, haben sich nach dem Vorbild wissenschaftlicher The*logie die akademischen Disziplinen als Männerwissenschaften unter dem Ausschluss von *Frauen* konstituiert. Doch darf nicht vergessen werden, dass wie alle anderen Wissenschaften, so auch die The*logie bis heute durch die Dienstleistungsarbeiten von *Frauen* und anderen untergeordneten Menschen ermöglicht wird.

Solange dieser explizite Ausschluss von *Frauen* aus der Öffentlichkeit von The*logie, Kirche und Wissenschaft nicht kritisch bedacht und öffentlich erkannt wird, wird wissenschaftliche The*logie wie alle anderen Wissenschaften weiterhin gezwungen sein, die Marginalisierung und den Ausschluss von *Frauen* entweder theoretisch-the*logisch zu legitimieren oder mit Schweigen zu übergehen. Weder die neue politische The*logie noch die männlich-bestimmten Befreiungs- und postkolonialen The*logien haben den Ausschluss und die Ausbeutung von *Frauen* kritisch the*logisch bedacht und zu einem zentralen Punkt ihrer Analyse gemacht.

So ist es nicht erstaunlich, dass in der herrschenden Wissenschaft immer noch das Vorurteil gegen feministische Theorie und The*logie in der Form des Ideologieverdachtes geistert. Feministische Forschung, so wird immer wieder behauptet, ist ideologisch. Sie benutzt angeblich wissenschaftliche Vorgehen nur dazu, um ein vorgefasstes Ergebnis zu erhärten. Aus der Sicht feministischer Wissenschaft wiederum sucht ein solcher Vorwurf bewusst oder unbewusst die Ideologieverfallenheit und die Marginalisierungsinteressen herrschender Wissenschaft zu verschleiern.

Ich bevorzuge ein Verständnis von feministisch, das auf den ersten
Blick sehr vereinfachend und modern klingt, aber bei genauerem Hin-
sehen sich als komplexe postmoderne Anfrage an die Moderne ent-
puppt. Ein populärer „Bumpersticker" der nordamerikanischen *Frau-
en*bewegung definiert Feminismus „as the radical notion, that women
are people." Feminismus ist die radikale Überzeugung, dass *Frauen*
mündige BürgerInnen mit vollen Rechten sind, d.h. nach Habermas
„freie und gleiche Individuen, die ihr Zusammenleben auf dem Weg
demokratischer Willensbildung selber regeln."[6]
Kurz, unter feministisch verstehe ich eine Theorie und Praxis, der es
um die Aufhebung von Herrschaftssystemen und die Schaffung radi-
kal-demokratischer Verhältnisse und Sichtweisen geht. Dieser Ansatz
greift damit den demokratischen Anspruch der Moderne auf, macht
aber zugleich im postmodernen Sinne klar, dass die Europäische Aufklärung diesen universalen Anspruch von Anfang an nicht eingelöst
hat. Der theoretische und praktische Widerspruch zwischen kyriarchaler und egalitärer Gesellschaft und Ethos produziert daher immer
wieder diskursive Legitimationssysteme, die kyriarchale Verhältnisse
zu „normalisieren" und zu naturalisieren suchen.
Nach diesem Verständnis ist feministische The*logie eine kritische politische The*logie entkolonisierender Befreiung, die den gesellschaftlichen und kirchlichen Emanzipationskämpfen von *Frauen* und anderen Randmenschen verpflichtet ist. Im Unterschied zu männlich besetzten Befreiungs- und Postkolonialen The*logien adoptiert sie nicht
einfach eine marxistische oder postkoloniale kulturelle Analytik. Im
Unterschied zu einigen Formen von akademischer Weiblichkeits- oder
Geschlechterforschung adoptiert sie auch nicht den dualistischen
Denkrahmen einer funktionalen Geschlechteranalytik. Vielmehr verlagert sie ihren Schwerpunkt hin zu einer komplexen radikal demokratischen Gesellschaftsanalyse von „kyriarchal" vernetzten und sich ge-
genseitig multiplizierenden Herrschaftsstrukturen. Was meine ich mit
kyriarchal?

---

[6] Jürgen Habermas, Die neue Intimität zwischen Politik und Kultur, in J. Rüsen /
E. Lämmert / P. Glotz (Hg.), Die Zukunft der Aufklärung, Frankfurt/M.:
Suhrkamp, 1988, 59-68.65.

II. Politische[7] The*logie: Kyriarchat[8] und Demokratie

Kyriarchat ist ein von mir geprägter Neologismus, der vom Griechischen kyrios = Herr und archein = herrschen abgeleitet ist. Kyriarchat bezeichnet die Herrschaft des besitzenden, gebildeten Herrn, des Staatsoberhauptes, SklavInnenmeisters und Hausherrn. Kyriarchat ist am besten theoretisiert als ein komplexes pyramidales System von Über- und Unterordnung, von Ausbeutung und Domination.

Da der Begriff des Kyriarchats umfassender ist als der des Patriarchats, habe ich in den frühen 90er Jahren vorgeschlagen, die Analysebegriffe Patriarchat[9] und Hierarchie durch eine intersektionelle Kyriarchatsanalyse zu ersetzen. Der Hierarchiebegriff wird oft gebraucht, um die Herrschaftspyramide zu benennen, obwohl er nur ein Segment des Kyriarchats bezeichnet, da er ursprünglich eine sakrale Herrschaftspyramide meint. Während Patriarchat[10] von einigen als ein unhistorisches, universalistisches und totalisierendes Konzept abgelehnt wird, sehen andere es als theoretischen Schlüsselbegriff, der das Entstehen und Fortbestehen sexueller, sozialer, politischer und ideologischer Männermacht und Gewalt über *Frauen* adäquat bezeichnet. In feministischer Theorie wird daher der Begriff des Patriarchats nicht länger auf die Macht des Hausvaters über die Großfamilie beschränkt, wie das noch weithin in den Sozialwissenschaften der Fall ist. Vielmehr wird der Begriff dazu benutzt, diejenigen sozialen Herr-schaftsstrukturen und Ideologien zu benennen, die es dem Mann erlaubt haben, die Frau im Laufe der Geschichte zu bevormunden und zu beherrschen.

Da der Begriff Patriarchat im Sinne männlich-weiblicher Geschlechterdifferenz verstanden wird, wird Geschlechterdifferenz zur primären Form von Herr-schaft und Unterdrückung. Der Unterschied zwischen

---

[7] Zur feministischen Politikwissenschaft vgl. Birgit Sauer, Begrenzung und Entgrenzung des Politischen: Geschlechterforschung in der Politikwissenschaft, in Hadumod Bussmann / Renate Hof (Hg.), Genus: Geschlechterforschung / Gender Studies in den Kultur- und Sozialwissenschaften (Stuttgart: Alfred Kröner Verlag, 2005), 367-401.

[8] Vgl. Elisabeth Schüssler Fiorenza, But She Said. Feminist Practices of Biblical Interpretation (Boston: Beacon Press, 1992).

[9] Sylvia Walby, Patriarchy at Work. Patriarchal and Capitalist Relations in Employment, Minneapolis 1986, 5-69. Die Autorin versteht Patriarchat als ein komplexes System von aufeinander bezogenen sozialen Strukturen. Die verschiedenen Gruppen kyriarchaler Beziehungen verlagern sich im Laufe der Zeit und verursachen zu unterschiedlichen Zeiten und in unterschiedlichen Kulturen jeweils andere Konstellationen.

[10] Zur Diskussion und Definition des Begriffs vgl. z.B. Maggie Humm, The Dictionary of Feminist Theory, Columbus 1990, 159-161; Gerda Lerner, The Creation of Patriarchy, New York 1986, 231-243. Im Unterschied zu Lerner bin ich nicht an den Ursprüngen kyriarchaler Herr-schaft interessiert, sondern an ihrer Ausarbeitung als heuristische, historische Kategorie.

männlich und weiblich wird zum grundlegenden und wesentlichen Unterschied von Menschsein. Eine solch essentialistische Auffassung der Geschlechterdifferenz kann eine konstruktivistische Wendung nehmen, wenn angenommen wird, dass die binäre Geschlechter-differenz nicht biologisch determiniert oder göttlich ordiniert, sondern sozial geschaffen ist. Solch ideologische Konstruktionen der Geschlechterdifferenz unterstützen kyriarchale Herr-schaft und lassen sie als naturgegeben und selbstverständlich erscheinen, und zwar nicht nur für Männer, sondern auch für *Frauen.*

Um sich einer Neubestimmung des Zentrums feministischer Analyse anzunähern, muss jedoch meines Erachtens feministische The*logie und Theorie die Privilegierung des binären Geschlechterdualismus, in dem „die sexuelle Differenz den Horizont" unseres Denkens bestimmt (Irigaray) als ihren theoretischen Denkrahmen aufgeben. Dies ist nötig, da Hand in Hand mit den kyriarchalen Ideologien von Geschlechterdifferenz oppositionelle Weiblichkeitsdiskurse einschärfen, dass Geschlecht und Rasse wesentliche Kategorien sind, indem sie Geschlechts- und Rassendifferenz als „real" und „alltäglich" erscheinen lassen. Dies wird dadurch erreicht, dass „biologischen Unterschieden" tiefe symbolische Bedeutung für unser Leben zugeschrieben wird, anstatt zu versuchen, solche Unterschiede als soziopolitische und religiöse Konstrukte zu „entnaturalisieren" und zu entmystifizieren.

Daher habe ich versucht, den Kyriarchatsbegriff als primäre analytische Kategorie feministischer Theorie so zu konzeptualisieren und zu theoretisieren, dass er die Verzahnung, Intersektionalität[11] und Wechselbeziehung der verschiedenen Herrschaftsstrukturen und Formen von *Frauen*unterdrückung wie die von Rasse, Klasse, Gender und Ethnie erfassen kann. Anstatt eine dualistische Herr-schaftstruktur von Mann-Frau zu postulieren, muss das System als ein pyramidales, politisch-kulturelles Herr-schaftssystem (Kyriarchat), das durch Geschlecht, Rasse, Klasse, religiöse und kulturelle Zugehörigkeit und andere historische Herr-schaftsformulierungen strukturiert wird, theoretisch erfasst werden.

Es ist nicht einfach der Mann, sondern der westliche, privilegierte, gebildete Herr, der Wissen und Wissenschaft betrieben und darauf bestanden hat, dass nur seine Interpretation der Welt wahr und richtig ist. Wissen selbst ist damit nicht nur geschlechtlich, sondern auch rassistisch, eurozentrisch, und Klassen-bestimmt. Die universalistische, kyriozentrische Wissenschaftsrhetorik westlich-männlicher Eliten

---

[11] Zu Intersektionalität siehe Elisabeth Schüssler Fiorenza, Introduction: Exploring the Intersections of Race, Gender, Status and Ethnicity in Early Christian Studies, in Laura Nasrallah / Elisabeth Schüssler Fiorenza, Hg., Prejudice and Christian Beginnings: Investigating, Race, Gender and Ethnicity in Early Christian Studies (Minneapolis: Fortress Press, 2009), 1-23; Gabriele Winker / Nina Degele, Intersektionalität. Zur Analyse sozialer Ungleichheiten. (Bielefeld: transcript Verlag, 2009).

schreibt nicht nur einfach die Dominanz des männlichen Geschlechtes, sondern die des Herrn, des „Weißen Vaters" oder des „Boss-Man" – wie ein afrikanisch-amerikanischer Ausdruck ihn nennt – als universales Subjekt fort.

Kurzum, es ist sowohl der Ausschluss privilegierter westlicher *Frauen* von demokratischen BürgerInnenrechten zusammen mit dem aller anderen „Unpersonen" (Gustavo Gutierrez) als auch die ideologische Legitimierung von geschlechtlichen Rassen-, Klassen- und kulturellen Differenzen als naturgegeben oder gottgewollt, die feministisch-theoretisch bedacht werden muss. Statt also das Kyriarchat als eine allumfassende Totalität aufzufassen, der FeministInnen nur durch den Sprung ins „Jenseits" oder die Flucht in eine befreite Gemeinschaft entkommen können, versucht eine feministisch politische entkolonisierende The*logie, im Herzen des demokratischen Kyriarchats einen „anderen" alternativen theoretischen Ort zu artikulieren, von dem aus sie sogenannte anthropologische Differenzen als soziopolitisch-religiöse Herr-schaftsstrukturen benennen kann.

Ein solcher utopischer und zugleich geschichtlich verwirklichter Alternativort zum Kyriarchat muss als radikale Demokratie imaginiert werden. John McGowan verweist auf die Möglichkeit eines solchen alternativen Ortes, wenn er von der schwierigen, ja sogar antithetischen Beziehung der Demokratie zum Kapitalismus spricht und betont, dass nur die Berufung auf solche politischen und ethischen Prinzipien, die einer Gesellschaft innewohnen, Pluralismus und Differenz sichern kann.[12] Demokratische Prinzipien wie z.B. Freiheit und Gleichberechtigung sind in kyriarchal-demokratischen Gesellschaften und Religionen nicht als starre Grundbegriffe, sondern als sinnvermittelnde Handlungsbegriffe zu begreifen.

Demokratie ist am besten verstanden als eine Gemeinschaft von Ebenbürtigen zum Zweck eines möglichst guten Lebens oder als die eigenverantwortliche Praxis gleichgestellter BürgerInnen. Macht ist nicht an Befehl und Gehorsam orientiert, sondern entspricht der menschlichen Fähigkeit, sich mit anderen zusammenzuschließen und im Einvernehmen mit ihnen zu handeln. Radikale Demokratie respektiert die fundamentale Würde und differenzierte Gleichstellung aller Menschen als mündige BürgerInnen, die gleich-vollmächtig sind, Beschlüsse über ihr Wohlsein zu fassen. Nach Hannah Arendt, die allerdings nicht die Herrschaftsstrukturen des griechischen Stadtstaates kritisch-feministisch hinterfragt hat, ist die *polis*, – ein Wort von dem Politik hergeleitet ist –,

die aus dem gemeinsamen Handeln und Sprechen der Menschen entstehende Organisation, und ihr eigentlicher Ort liegt zwischen den Menschen, die zu diesem Zwecke miteinander leben, unabhängig da-

---

12 John McGowan, Postmodernism and its Critics, Ithaca 1991, 220-280.

von, wo sie sich befinden. „*Wohin immer Du gehst, du wirst eine polis sein*": *Diese berühmten Worte ... bringen die Überzeugung zum Ausdruck, dass im Handeln und Sprechen ein [demokratischer] Raum zwischen den Beteiligten geschaffen wird.*[13]

Ein Verständnis von Feminismus als sozial-politischer Emanzipationsbewegung und wissenschaftlicher Sichtweise, die überzeugt ist „that wo/men are people", spielt auf diesen Ort an, der in dem Motto „We, the people" –„Wir, die Leute" – benannt wird. Wenn „We, the people" mit „Wir das Volk" übersetzt wird, dann hat diese Konzeption von Volk (Singular) sehr moderne Valenzen und erinnert besonders im deutschsprachigen Raum an den rassistisch besetzten nationalistischen Volksbegriff von Blut und Boden. Wird dagegen „We, the people" mit „Wir, die Leute", d.h. die gewöhnlichen und von vielen verschiedenen Richtungen herkommenden Menschen, übersetzt, dann klingt darin die postmoderne radikal demokratische „gleiche Würde der Vielen" an, von der Hannah Arendt spricht.
Gesellschaftliche und religiöse Emanzipationsbewegungen haben daher auch immer wieder den Anspruch auf Mündigkeit und Vollbürger-Innenschaft für alle ohne Ausnahme geltend gemacht. Die verschiedenen sozial-politischen Befreiungskämpfe und Emanzipationsbewegungen der letzten Jahrhunderte, die sich für VollbürgerInnenschaft einsetzten, wie z.b. die SklavInnenbefreiung, die *Frauen*bewegung, die Arbeiterbewegung, der Kampf gegen Kolonialismus, Heterosexismus, anti-Semitismus sowohl wie der Kampf für die Rede-, Religions-, Gewissens- und Forschungsfreiheit, sind von diesem Widerspruch zwischen demokratischer Vision und kyriarchaler Wirklichkeit inspiriert worden. Sie greifen auf Schrifttexte und kulturelle und religiöse Traditionen zurück, die Gerechtigkeit, Respekt, Frieden, Anerkennung der Menschenwürde, kulturelle Unabhängigkeit, Wohlergehen und Gleichstellung von allen als normativ und g*ttgewollt einfordern.
Diese Bewegungen sind der öffentliche Ort, an dem eine politische entkolonisierende The*logie, die immer auch eine feministische The*logie sein muss, will sie ihrem Programm treu bleiben, arbeiten und sich einsetzen muss. Sie muss ihre emanzipatorisch-feministische Verantwortung in der gesellschaftlichen, universitären und kirchlichen Öffentlichkeit übernehmen, will sie die Ausschließungsstrukturen und Entmenschlichungsmechanismen der Moderne kritisch benennen und auf eine radikal-demokratische Gesellschaft und Kirche hinarbeiten.
Es ist daher notwendig, die Geschichte der Moderne auch als Geschichte radikal demokratischer Emanzipationsbewegungen von Menschen, die auf Grund der Annahme ihres nicht vollen Menschseins von der Demokratie ausgeschlossen waren und die „gleiche Würde der

---

[13] Hannah Arendt, The Human Condition, Chicago: Chicago University Press, 1958, 198.

Vielen" durchzusetzen suchten, feministisch postmodern neu zu schreiben.[14] Damit dürfte es klar geworden sein, dass ich unter Demokratie nicht zuerst eine repräsentative Regierungsform, sondern vielmehr ein gesellschaftliches radikal-egalitäres Ethos meine, das nicht dem anthropologischen Denkrahmen der Geschlechterdifferenz verhaftet bleibt.

III. Christentum, moderner Weiblichkeitsdiskurs und Kolonialismus

Mit dem Aufkommen der Demokratie in der Antike und Moderne, die gleiche Rechte und Pflichten aller im Staate lebenden Menschen proklamierte, aber einen Großteil der Bevölkerung von demokratischen Rechten ausschloss, wurde es nötig zu argumentieren, warum bestimmte Menschen wie z. B. freigeborene *Frauen* oder SklavInnen nicht VollbürgerInnen mit allen Rechten und Pflichten sein konnten. Die Europäische Aufklärung hat gegenüber den feudalistischen Standesprivilegien einerseits die Gleichheit aller Menschen *qua* Menschen betont, aber andererseits auf die geschlechtliche und rassische Andersartigkeit und Minderwertigkeit von untergeordneten Menschen bestanden.[15] Wie Andrea Maihofer zu Recht herausstellt, werden solchen Menschen genau die Eigenschaften und Fähigkeiten abgesprochen, die den Menschen im Sinne der Menschen- und Bürgerrechte als Menschen an sich auszeichnen und worauf sich seine Rechte gründen. Mit anderen Worten: Die Idee der Gleichheit aller Menschen, die mit der Emanzipation des Bürgertums eingefordert wird, und der Diskurs der Geschlechterdifferenz, mit dem der Ausschluss der *Frauen* aus den Bürgerrechten und ihr Einschluss in die familale Sphäre legitimiert wird, sind nicht nur historisch gleichursprünglich, sie sind ein zentrales Moment der *Geschlechterdialektik der Aufklärung*.[16]
Eine solche kritische Gesellschaftstheorie des Geschlechtes greift aber zu kurz, insofern sie nicht bedenkt, dass *Frauen* nicht nur durch die Geschlechterdifferenz, sondern immer auch durch Rassen, Klassen, imperiale und kulturelle Herrschaftsdifferenzen bestimmt werden. Wie

---

[14] Feministische The*logie als solch interkultureller Diskurs ist besonders von Kwok Pui-Lan, Feminist Theology as Intercultural Discourse, in Susan Frank Parsons, (Hg.)., The Cambridge Companion to Feminist Theology, Cambridge: Cambridge University Press, 2002, 23-39 formuliert worden.
[15] Für die Nähe von Rassendenken und Faschismus vgl. besonders Paul Gilroy, Against Race. Imagining Political Culture Beyond the Color Line, Cambridge: Harvard University Press, 2001. Zu den rechtsgerichteten, konservativen Tendenzen des „Biologisierungsprozesses" von Weiblichkeit im Faschismus siehe z.B. Renate Bridenthal / Antina Grossmann / Marion Kaplan (Hg.), When Biology Became Destiny: Women in Weimar and Nazi Germany, New York 1984.
[16] Andrea Maihofer, Geschlecht als hegemonialer Diskurs. Ansätze zu einer kritischen Theorie des Geschlechts, in Theresa Wobbe / Gesa Lindemann, (Hg.), Denksachen. Zur theoretischen und institutionellen Rede vom Geschlecht, Frankfurt/M.: Suhrkamp, 1994, 236-263.239f.

die Geschlechterdifferenz, so wurde auch die Rassen-, Klassen- und völkisch-kulturellen Differenzen in und durch die Diskurse der Aufklärung formuliert, um Menschen zu Menschen „zweiter Klasse" zu machen und von vollem Menschsein und demokratischen Rechten und Würden auszuschließen.

Die politische Philosophie des Abendlandes hat, wie Susan Moller Okin schon vor mehr als 30 Jahren aufgezeigt hat,[17] diesen kyriarchalen Herrschaftsdiskurs von Minderwertigkeit, Ausgrenzung und Unterordnung zuerst im Kontext der klassischen Demokratie Athens formuliert. Antike Philosophen haben kyriozentrische Theorien formuliert, die begründen, dass bestimmte Gruppen von Menschen, wie z.b. frei geborene *Frauen* oder SklavInnen, aufgrund ihrer mangelhaften oder mangelnden Vernunftbegabung nicht fähig sind, an demokratischer Selbstbestimmung teilzunehmen. Eine solche ideologische Rechtfertigung wird immer dann geschichtlich notwendig, wenn radikal demokratische Werte und Institutionen in einer kyriarchal strukturierten Gesellschaft zum Zuge kommen.

Philosophische Theorien des Ausschlusses bestimmter Personengruppen von demokratischer Selbstbestimmung und Macht aufgrund mangelnder Rationalität, so die These, werden durch den Widerspruch zwischen einem egalitären demokratischem Selbstverständnis und den tatsächlichen kyriarchalen sozio-ökonomischen Gesellschaftsstrukturen gespeist. Entsprechend dem theoretischen Ideal der Demokratie sollten alle gleichberechtigte BürgerInnen fähig sein, an der Regierungs- und Selbstbestimmungsmacht teilzunehmen. Doch war die aktuelle historische Wirklichkeit derart, dass nur einige wenige machtvolle Männer oder Herren an demokratischer Macht teilnehmen konnten.

Es ist dieser Widerspruch zwischen dem Ethos der radikalen Ebenbürtigkeit der Vielen und den tatsächlichen sozio-politischen Herrschaftsverhältnissen, der die dualistischen Diskurse von „naturgegebenen" wesentlichen Unterschieden zwischen Mensch und Gott, zwischen elitären Männern und *Frauen*, zwischen Freien und SklavInnen, zwischen GriechInnen und BarbarInnen, zwischen GrundbesitzerInnen und LandarbeiterInnen, zwischen der zivilisierten und unzivilisierten Welt, produziert hat und immer wieder produziert.

Da moderne Demokratien als *brüderliche* kapitalistisch-kyriarchale Demokratien dem klassischen Ideal nachgebildet sind, haben sie auch dessen ideologische Widersprüche geerbt, insofern alle Staatsangehörigen theoretisch als gleichwertige Menschen verstanden werden, die das Recht auf „Freiheit und Glück" haben. Zugleich aber wird an den sogenannten „naturgegebenen" kyriarchalen, sozio-politischen, struktur-bedingten Unterschieden festgehalten. Privilegierter Status aufgrund von Besitz und Bildung und nicht biologisch-kulturelle Männ-

---

17 Susan Moller Okin, Women in Western Political Thought, Princeton: Princeton University Press, 1979.

lichkeit machen jedoch den Bürger aus und berechtigen ihn, an der demokratischen Herrschaft der Wenigen über die Vielen teilzuhaben. Wie Friedericke Hassauer und Peter Roos lakonisch feststellen:

Bürger wollten sie sein ... in Freiheit, Gleichheit und Brüderlichkeit ... Als die Schwestern die Rechte der Frau und Bürgerin, der citoyenne, einklagten, da legte die Große, die glorreiche Französische Revolution ihre Töchter unter das Fallbeil ...[18]

Der Ausschluss der *Frauen* aus der Öffentlichkeit von The*logie und Wissenschaft hat aber noch weiterreichende Folgen. Dieser Ausschluss wurde in der Antike dadurch legitimiert, dass freigeborene *Frauen* und SklavInnen als Menschen zweiter Klasse, als minderwertig und von Natur aus mit weniger Vernunft begabt eingestuft werden. Er wurde in der Moderne damit gerechtfertigt, dass *Frauen* eine spezielle, komplementäre, Natur und weibliche Sphäre zugeschrieben wurde, die sie befähigt, selbstlos zu dienen und ein Heim zu schaffen, das eine friedliche Zuflucht für den im öffentlichen Arbeitskampf stehenden Mann sein sollte. Dieser moderne Mythos von der besonderen Natur der Frau, dem totalen Anderssein der Anderen, trifft damit nicht auf *Frauen*, die außerhalb des Hauses arbeiteten, sondern nur auf die Mittel- und Oberschichtsfrau, die weiße Dame, zu. In der Moderne wurde damit demokratisch-kapitalistische Öffentlichkeit als männlich und Privatheit als weiblich bestimmt.

Während aber in der griechisch-römischen Antike Religion und Politik Hand in Hand gingen und ihr Ort der Öffentlichkeitsbereich war, wurden in moderner Demokratie Religion und Politik getrennt und Religion der privaten Sphäre zugeschrieben. Wie die weiße Dame, so hatten auch Kirche und Mission die Aufgabe, die harte kapitalistische Welt erträglich zu machen, den westlichen Kolonialismus zu vermenschlichen, dem Allgemeinwohl unbezahlt zu dienen und die sogenannten Wilden zu zivilisieren. Religion wurde zur Privatsache und wie die Damen aus der wissenschaftlichen und politischen Öffentlichkeit verbannt. (Dies kommt noch in der Etikettsregel zum Ausdruck, dass in hoher Gesellschaft Bischöfe wie alte Damen behandelt werden sollten).

Zugleich wurden die kyriarchalen, d.h. die Herrschaftsstrukturen der etablierten Kirchen, die sie in der Anpassung an das römische Imperium übernommen hatten, weiterhin dazu genutzt, die Herrschaft des Monarchen oder Führers, des Herren, Meisters, Vaters, Chefs, Gatten, des besitzenden, gebildeten Mannes und nicht die radikal demokratischen Gesellschaftsstrukturen für alle aufrechtzuerhalten. Um ein

---

[18] Friedericke Hassauer / Peter Roos Aufklärung: Futurologie oder Konkurs. Acht Behauptungen in J. Rüsen / E. Lämmert / P. Glotz (Hg.), Die Zukunft der Aufklärung, Frankfurt/M.: Suhrkamp, 1988, 40-47.40f.

Beispiel zu nennen: Kirchen in England haben gegen den Equality Act 2010 mit dem Argument protestiert, dass es gegen ihre Religionsfreiheit verstieße, wenn sie rechtlich gezwungen wären, Homosexuelle anzustellen oder Frauen zu ordinieren, da dies gegen den Kern ihrer Glaubensüberzeugung gehe.[19] Diskriminierung wird damit als dem Christentum eingeschrieben behauptet.

Oder, um ein anderes Beispiel zu nennen: In Verteidigung ihrer patriarchalen Strukturen hat sich z.b. die Römisch-Katholische Kirche lange Zeit gegen die Demokratie als von Schrift und Tradition verboten gewehrt und tut dies heute immer noch dadurch, dass sie *Frauen* von kirchlichen Ämtern ausschließt. Sie teilt diese anti-demokratische Politik, die The*logie auf Legitimationsideologie reduziert, mit fundamentalistischen reaktionären Bewegungen in anderen Konfessionen und Religionen, in deren Rhetorik emanzipierte *Frauen* zu Symbolfiguren des modernen Sitten-, Nationalitäts-, Religions- und Staatsverfalls hochstilisiert werden.

Um zusammenzufassen: Die Ideologie des asymmetrischen Herrschaftsdualismus zwischen Mensch und Tier, Mann und Frau, BarbarIn und GriechIn, Freie/r und SklavIn, Mensch und Natur, der in der klassischen Philosophie als „naturgegebene" Differenz artikuliert wurde, ist auch den Diskursen moderner, eurozentrischer Philosophie und The*logie eingeschrieben. Der klassische Herrschaftsdiskurs von Differenz und Unterordnung wurde durch christliche Schrift und The*logie dem Abendland vermittelt und wird in der modernen Wissenschaft fortgeschrieben.

Dieser Herrschaftsdiskurs hat die Philosophie der Aufklärung über den „Mann der Vernunft"[20] und das rassistisch-kolonialistisch bestimmte Weiblichkeitsbild der „weißen Dame" beeinflusst. Das Ethos der „wahren Weiblichkeit", der romantischen Liebe und der Häuslichkeit definiert das Wesen der bürgerlichen Frau als „Dasein für andere", welches sie in und durch tatsächliche oder spirituelle Mutterschaft zu leben hat. Die kulturelle Sozialisation von *Frauen*, die auf selbstlose Weiblichkeit und weibliche Beziehungsarbeit abzielt, wird durch die

---

19 http://en.wikipedia.org/wiki/Equality_Act_2010.
20 Genevieve Lloyd, Man of Reason. Male and Female in Western Philosophy, Minneapolis 1984. Siehe auch ihren Artikel: The Man of Reason, in: Ann Garry / Marilyn Pearsall (Hg.), Women, Knowledge, and Reality; Explorations in Feminist Philosopy, New York 1992, 111: „Mit dem Ausdruck *Vernunftmensch/Mann der Vernunft* spiele ich auf das Vernunftideal der Aufklärung des 17. Jahrhunderts an. Gleichzeitig meine ich damit aber auch etwas Vageres, Unbestimmteres – den Rest jenes Ideals in unserem gegenwärtigen Bewusstsein. ... Das Hauptmerkmal des *Vernunftmenschen*, das ich in den Mittelpunkt stellen möchte, ist seine Männlichkeit." Siehe auch Sarah Coakley, Gender and Knowledge in Western Philosophy. The „Man of Reason" and the „Feminine Other" in Enlightenment Thought, in: Ann Carr / Elisabeth Schüssler Fiorenza (Hg.), The Special Nature of Women? Concilium, London 1991, 75-84.

gesellschaftliche Arbeitsteilung und die christliche Predigt von selbst-
aufopfernder Liebe und demütigem Dienen fort- und festgeschrieben.
Als kyriarchaler Diskurs wirkt dieser Weiblichkeitsdiskurs auch in den
Theorien über minderwertige Rassen oder „edle Wilde" fort. Die Aufklärung hat ja nicht nur weiße *Frauen*, sondern auch alle anderen gesellschaftlichen Unpersonen als „andere" Naturwesen definiert, denen
vollmenschliche Eigenschaften fehlen. Der Einfluss dieses bürgerlich-
en Weiblichkeitsdiskurses auf das Verständnis und den Platz von
bürgerlicher Religion wird jedoch oft übersehen. Seit der industriellen
Revolution und Aufklärung wurde Religion in Europa und Amerika
aus dem öffentlichen Bereich hinausgedrängt und in die Privatsphäre
individualistischer Frömmigkeit, karitativer Wohltätigkeit und der
Pflege von Kultur, Heim und Familie abgeschoben. Damit hatten
sowohl christliche Kirchen als auch bürgerliche *Frauen* (Damen) einen
großen Anteil an der Erhaltung des öffentlichen Interesses am anti-
thetisch verstandenen „Anderen" und an der Ausformung sozialer
nationaler Identität.[21]

Wie die „weiße Dame", so hatte das Christentum als „missionarische"
Religion die Aufgabe, die „Wilden", die als „ungezähmte Natur" angesehen wurden, zu „kultivieren". Auf diese Weise arbeiteten die westlichen Diskurse von Weiblichkeit und der „Natur der Frau" Hand in
Hand mit kolonialer Machtausübung.[22] Theorien und The*logien, die
den westlichen Herrschaftsdiskurs über sexuelle Differenz oder Ge-
schlechterkomplementarität verabsolutieren und universalisieren, verschleiern die Verwicklung von weißen privilegierten *Frauen* und religiösen Institutionen in kyriarchale Herrschaft, da beide als zivilisierende Kanäle sowohl von Herrschaftswissen als auch von religiösen
und kulturellen Werten gedient haben.

Im Zuge der Privatisierung von Religion und der „Feminisierung" von
Kultur verlor die Geistlichkeit ihre privilegierte gesellschaftliche Position und wurde immer stärker in der politischen Öffentlichkeit mit den
Damen der Gesellschaft auf eine Stufe gestellt. Diese Feminisierung
von Religion hat wiederum die dienende Rolle der Kirche in den Vor-
dergrund gerückt. Sie hat zur Entmännlichung der Geistlichkeit in der

---

[21] Siehe z.B. Joan Jacobs Brumberg, The Ethnological Mirror. American Women
and Their Haethen Sisters, 1870-1910, in: Barbara J. Harris / JoAnn K. McNamara
(Hg.), Women and the Structure of Society. Selected Research from the Fifth
Berkshire Conference on the History of Women, Durham/N.C. 1984, 108-128.
[22] Siehe meinen Artikel The Politics of Otherness. Biblical Interpretation as a
Critical Praxis for Liberation, in: Marc H. Ellis / Otto Maduro (Hg.), The Future of
Liberation Theology. Essays in Honor of Gustavo Gutiérrez, Maryknoll/N.Y. 1989,
311-325; und Kwok Pui-lan, The Image of the „White Lady". Gender and Race in
Christian Mission, in: Carr / Schüssler Fiorenza, The Special Nature of Women?,
19-27; siehe auch Kwok Pui-lan, Chinese Women and Christianity, 1860-1927, At-
lanta 1992.

Gesellschaft[23] und, als Reaktion darauf, zu einem verstärkten Geltend-machen der männlichen Herren-rolle in The*logie, Kirche und Familie geführt. Hier haben die erbitterten Debatten über die Ordination der Frau und das the*logische Bestehen auf der „Männlichkeit" Jesu ihren modernen „Sitz im Leben".[24]

Dies ist wohl auch ein Hauptgrund dafür, warum die neue politische The*logie, sowie postkoloniale und Befreiungsthe*logien bisher Mühe hatten, die Verfilzung von Sexismus, Rassismus, Hetero-Sexismus, Klassismus und Nationalismus in modernen wissenschaftlichen und kirchlich-the*logischen Diskursen kritisch theoretisch zu bedenken. Johann Baptist Metz z.b. hat argumentiert, dass die modernen Säku-larisierungsprozesse sich immer mehr „als Prozesse der Entmächtigung und Auflösung des Menschen, wie er uns bisher vertraut und anvertraut war", entpuppen.[25] Er beachtet dabei aber nicht die kritischen feminis-tischen Stimmen, die aufgezeigt haben, dass dieser Mensch, *„wie wir ihn kennen"*, in der Aufklärung mit dem weißen Europäischen Herrn in eins gesetzt worden ist.[26]

Metz stellt weiterhin dem von Nietzsche und der Postmoderne verkün-deten Tod Gottes und Tod des Subjektes die Alternative entgegen, „die Aufklärung in den Horizont des Gottesgedächtnisses" zu stellen, um dem „Dahinschwinden des Menschen" zu widerstehen und sein „Mün-digkeitsbegehren" und seine „Politikfähigkeit" zu retten.

Doch konfrontiert dieses Argument nicht die feministischen und post-kolonialen kritischen Anfragen an das biblische Gottesverständnis und seine Herrschafts- und Unterordnungsanweisungen, schweigt über die „himmelschreiende Ungerechtigkeit", die im Namen des biblischen Gottes an *Frauen* und anderen Randmenschen verübt wurde, und ver-gisst, dass die the*logische Definition der Anderen, der *Frauen*, der Homosexuellen, der Häretiker, der Wilden, der Heiden, der Juden, um nur einige konkret beim Namen zu nennen, biblisch-the*logisch be-gründet wurde und immer auch dazu diente, die so ausgegrenzten Men-schen als minderwertig, untergeordnet und abhängig zu verstehen und ihnen daher Freiheit zu entziehen und Gerechtigkeit zu versagen. Wenn

---

23 Rosemary Radford Ruether, Male Clericalism and the Dread of Women, in: The Economist 11(1973), 65-69.

24 Vgl. die Analyse dieser Situation in meinem Plenumsvortrag bei der Second Ordination Conference 1978, wieder abgedruckt in Discipleship of Equals. A Criti-cal Feminist Ekklesialogy of Liberation, New York 1993, 129-150, bes. 140-144. Zum ökumenischen Vergleich siehe auch Jacqueline Field-Bibb, Women towards Priesthood. Ministerial Politics and Feminist Practice, New York 1991.

25 J.ohann Baptist Metz, Wider die zweite Unmündigkeit. Zum Verhältnis von Aufklärung von Christentum, in J. Rüsen / E. Lämmert / P. Glotz, (Hg.), Die Zukunft der Aufklärung, 81-87.81.

26 Vgl. Cornelia Klinger, Feministische Theorie zwischen Lektüre und Kritik des philosophischen Kanons, in Hadumod Bussmann / Renate Hof (Hg.), Genus: Geschlechterforschung/Gender Studies in den Kultur- und Sozialwissenschaften (Stuttgart: Alfred Kröner Verlag, 2005), 329-364.

politische The*logie die durch postmoderne Globalisierung bedrohte Humanität und Würde der Menschen retten will, muss sie im Sinne einer kritischen feministischen Befreiungsthe*logie das durch die Kirche und das biblische Gotteserbe verursachte oder ermöglichte Unheil als strukturelle Sünde anerkennen und selbstkritisch ihre eigene Mittäterschaft zur Sprache bringen.

IV. Postmoderne Infragestellung des feministischen Befreiungsmodells

Andrea Günter, die als eine der ersten die Diskussion zwischen feministischer The*logie und postmodernem Denken im deutschsprachigen Raum angeregt hat, hat wiederum energisch den Ansatz einer kritischen feministischen Befreiungsthe*logie in Frage gestellt. Nach ihr ist das Emanzipationsmodell einer feministischen The*logie, die als Befreiungsthe*logie konzipiert ist, aus folgendem Grund abzulehnen:

Hinter dem derart verallgemeinernden Opfer- und Befreiungsmodell steht ein Verständnis von Freiheit, Glück und dem Leben von Frauen, das davon ausgeht, dass nicht nur eine Frau erst einmal etwas werden muss, nämlich frei, sondern überhaupt die Welt eine ganz andere sein muss. Dadurch wird vermittelt, dass eine Frau – ebenso wie die Welt – so wie sie ist nichts ist, und sie erst ganz anders werden muss, bevor sie Wert und Bedeutung bekommt und „weibliche Freiheit" erlangen kann – eine Wertung, die auch dem Lebens- und Selbstwertgefühl der meisten Frauen widerspricht.[27]

Während ich mit Günters Kritik am Opfermodell[28] übereinstimme, scheint ihre Gleichsetzung von Opfer- und Befreiungsmodell einige Ebenen zu verwechseln. Eine kritisch-feministisch-entkolonisierende The*logie arbeitet mit einem Befreiungsmodell, das nicht nur auf der Analyse von Unterdrückungsstrukturen, sondern auch auf der Handlungskraft und Mündigkeit der Untermenschen im Kampf gegen diese besteht. Ein solches Befreiungsmodell arbeitet mit dem befreiungsthe*logischen Konzept der strukturellen Sünde, gerade weil feministische The*logie *Frauen* und andere Untermenschen dazu befähigen sucht, Unrechtssituationen, wie z.B. Vergewaltigung, nicht als persönliche Schuld zu verstehen. Von struktureller Sünde zu sprechen, heißt nicht, dass eine Frau oder die Welt, „so wie sie ist, nichts ist." Vielmehr gerade weil eine konkrete Frau gesellschaftlich so ist, wie sie ist,

---

[27] Andrea Günter (Hg.), Feministische Theologie und postmodernes Denken. Zur theologischen Relevanz der Geschlechterdifferenz, Stuttgart: Kohlhammer, 1996, 57.
[28] Siehe die ausgezeichnete Analyse von Regula Strobel, Opfer. Auseinandersetzung mit einem vielschichtigen Begriff und seinen problematischen Konsequenzen aus feministischer Perspektive, Olympe. Feministische Arbeitshefte zur Politik 29 (2009) 89-98.

nämlich Mensch zweiter oder dritter Klasse, muss sie auf die Veränderung der Welt und ihrer selbst bedacht sein, will sie volle Mündigkeit erlangen.

Gerade um Unterdrückungsverhältnisse nicht als „vorgegeben" anzusehen und als negatives Selbstwertgefühl zu internalisieren, brauchen unterdrückte Menschen, Männer wie *Frauen*, eine kritische Befreiungsanalyse, die „himmelschreiende Ungerechtigkeit" the*logisch nicht als Willen Gottes versteht, sondern als strukturelle Sünde benennen kann. Dies heißt nicht, dass *Frauen* und andere unterdrückte Menschen nur als Opfer zu verstehen wären. *Frauen* wie Männer sind immer auch Handelnde, d.h. TäterInnen. Wie die Geschichte der Sklaverei und des missionarischen Kolonialismus lehrt, können *Frauen* sehr wohl andere *Frauen* beherrschen oder das ausgebeutete Opfer anderer *Frauen* werden, da *Frauen* genauso wie Männer immer in kyriarchale Herrschaftsstrukturen eingebunden sind und entweder mit ihnen kollaborieren oder sie zu verändern suchen.

Wie ich hier zu zeigen versucht habe, hat die moderne Wissenschaft und The*logie nicht nur den „Mann der Vernunft", sondern auch die rassistisch-kolonialistisch bestimmte Ideologie von Weiblichkeit, d.h. das Wesen der „weißen Dame," artikuliert, insofern sie die weiße Dame als Kultur- und Religionsvermittlerin versteht. Europäische und amerikanische Theorien und The*logien, die den westlichen Herrschaftsdiskurs der Geschlechterdifferenz verabsolutieren und universalisieren, verschleiern die Verwicklung von weißen privilegierten *Frauen* und christlichen Kirchen in kyriarchaler Herrschaftsausübung, da beide als zivilisierende Kanäle sowohl von Herrschaftswissen als auch von religiösen und kulturellen Werten gedient haben.

Damit wird deutlich, dass emanzipatorische Diskurse nicht unabhängig von den herrschenden Diskursen der kyriarchalen Gesellschaften, Kirchen und wissenschaftlichen Institutionen sind, in denen sie arbeiten. Im Gegenteil, sie sind unentrinnbar in deren Herrschaftsdiskurse verstrickt, insofern sie durch sie bedingt sind. Hand in Hand mit den herrschenden Ideologien von Differenz schärfen the*logische Diskurse ein, dass Geschlecht und Rasse „natürliche" Kategorien sind, da sie Geschlechts- und Rassendifferenz als wesentlich erscheinen lassen.

Anstatt die Eigenschaften der weißen privilegierten *Frau* entweder als Forschungsobjekt oder als wissenschaftliches Subjekt zu universalisieren, versucht daher eine kritische feministische politische The*logie entkolonisierender Befreiung, als alternativen Denkort ein diskursives Forum zu schaffen, von dem aus the*logische Diskurse dazu beitragen können, vereinheitlichte, kyriarchale Identitätsformationen in kreative Verschiedenheit umzuwandeln und entsprechende politische Strategien für eine vielstimmige und vielschichtige politische feministische The*logie zu erarbeiten.

Um einen solchen kritisch-alternativen Ort zu Kyriarchatsdiskursen politisch-the*logisch zu benennen habe ich das Konzept der *Ekklesia der Frauen* geprägt. Historisch und politisch ist der Begriff *Ekklesia der Frauen* ein *Oxymoron*, d.h. eine Kombination von sich widersprechenden Begriffen, der ein feministisch-politisches „Anderes" artikulieren will. Dadurch, dass *Ekklesia* mit dem Genitiv „*Frauen*" qualifiziert wird, der auf alle Nicht-BürgerInnen der Moderne verweist, soll ins öffentliche Bewusstsein gehoben werden, dass weder Kirche noch Demokratie das sind, was sie zu sein vorgeben: *Ekklesia*, d.h. der radikal demokratische Kongress von mündigen VollbürgerInnen.

Ein solcher theoretischer Rahmen sucht das Herrschaftskonstrukt von der Frau als der Anderen des Mannes, das der Schwarzen oder der Wilden als den Anderen von Weißen oder zivilisierten Europäern durch das radikal-demokratische Konstrukt der *Ekklesia* zu ersetzen, das zugleich unerfüllte Vision und historische Wirklichkeit anzeigt. Der Begriff zieht keine engen Identitätsgrenzen, sondern verbindet gesellschaftlichen und kirchlichen Bereich, Einzelgruppe und globale Bewegung. *Ekklesia der Frauen* konstituiert sich immer da, wo Menschen zusammenkommen, um sowohl ihre Probleme, Visionen und Ziele zu artikulieren, zu diskutieren, und zu feiern, als auch, um Strategien und Wege zur politischen und religiösen Selbstbestimmung gemeinsam zu entscheiden. *Ekklesia der Frauen* betont, dass *Frauen* und andere Untermenschen solche mündigen VollbürgerInnen sind. *Ekklesia der Frauen* ist zugleich schon Wirklichkeit, aber immer noch im Prozess der Verwirklichung.

Die politische Spannung zwischen *Kyriarchat* und *Ekklesia* orientiert *Ekklesia* nicht nur auf die Veränderung von kyriarchaler Kirche und Gesellschaft hin. Sie hält auch im Bewusstsein, dass die Kirche keine Gemeinschaft von Befreiten ist, sondern dass sie teilhat sowohl an kyriarchaler Unterdrückung als auch an der Wirklichkeit einer befreiten Welt, auf die sie sich hin bewegt.

Um zusammenzufassen: Eine kritische feministische The*logie entkolonisierender Befreiung sucht die *Ekklesia der Frauen* als einen theoretischen Ort zu begreifen, von wo aus sie politische-kulturelle-religiöse Veränderung bedenken und sich für einen radikal demokratischen Pluralismus einsetzen kann. Sie ist sich dabei kritisch bewusst, dass ihre gesellschaftliche Befreiungsanalyse und -vision westlich geprägt ist. Trotzdem ist sie nicht nur relevant für europäische und amerikanische Menschen, sondern scheint weltweit im Zuge kapitalistischer Globalisierung immer mehr nötig zu werden.

Francis Schüssler Fiorenza

Prospects for Political Theology
in the Face of Contemporary Challenges

In Germany during the 1960s, a new political theology emerged as a critical reflection upon past theological conceptions of the relation of religion and society.[1] Jürgen Moltmann's *Theology of Hope* was a stunning breakthrough in relation to both dominant theologies of the day, especially Bultmann's existential interpretation of the Christian message. Johann Baptist Metz explicitly advocated a Political Theology in contrast to Karl Rahner's transcendental theology. Dorothee Sölle appealed to political theology as a political hermeneutic. These theologians began to advocate a new political theology two decades after World War II and during a time of strong economic development and national renewal. Within the post war context, they critically reflected upon the recent German experience of National Socialism, the horrors of the war, and the Holocaust. At the same time, they brought to consciousness that the economic growth within a market economy not only made the market itself central to society, but also led increasingly to religion becoming a consumer object, often reduced to private individual choice.

These emergent political theologies criticized transcendental and existential theologies as inadequate to this situation. Not only did they fail to criticize the privatization of religion, but they even accentuated it through their emphasis upon the existential and upon individual decision. In contrast, the emergent political theologies offered a political hermeneutic of the Christian message, underscoring the centrality and reality of the promise of God's Kingdom. This proclamation required an eschatological, societal, and political horizon rather than an existential or transcendental one. As these theologians further articulated the themes of political theology in the following decades, they broadened and shifted its interpretive focus. Metz spelt

---

[1] For a history of the concept of political theology, Francis Schüssler Fiorenza, Religion und Politik: Geschichte und Funktion der politischen Theologie, in: Karl Rahner / Bernhard Welte (eds.), *Christlicher Glaube in moderner Gesellschaft*, (Freiburg: Herder, 1982) vol. 27, 59-101. See also Ernst Feil, Von der Politischen Theologie zur Theologie der Revolution, in: Ernst Feil / Rudolf Wehr, *Diskussion zur Theologie der Revolution,* X (München: Kaiser, 1969) 110-132, with a different assessment of its relation to liberation theology.

out the significance of the memory of the passion of Jesus and the suffering of victims. He developed the category of „interruption" in contrast to progressive interpretations of history. Moltmann explicated the centrality of the crucified God, and the Christian belief in the Trinity, and highlighted the relation of the belief in creation with ecological themes.

Influenced by these theologians, Latin American liberation theologians (some educated in Europe) sought from the very beginning to differ from political theologians in their interpretation of the context, themes, and consequences.[2] They emphasized that their context was not the situation of secularization and privatization of religion, but one of economic dependency (buying somewhat into André Frank's dependency theory)[3] and the sharp contrast between the elites and the poor.[4] The liberation theologians argued that religion was not privatized as in modern Western Europe but that the church still had considerable influence. Therefore, they took issue not so much with transcendental or existential theology, as with the previous liberal theological understanding of the church's mission and its consequences for social thought.

The distinction between hierarchy and laity was developed in the nineteenth century by Félicité Lamennais into a liberal notion of a public sphere as the sphere of the laity. This notion became dominant in Catholic theology in pre-Vatican II decades primarily through Yves Congar's understanding of the lay apostolate in the world. It posited a distinction of planes within the understanding of the church's mission: The primary task of the hierarchy was to preach the Gospel message, whereas the laity was concerned within the world.[5] That distinction actually developed the result of liberal Roman Catholic social thought that sought to counter the political integralism of a more controlling or intervention role of the church's hierarchy within political society.[6] This liberalism within modern Catholic social thought suggested that the Christian messages to the social and political world be mediated

[2] Gustavo Gutiérrez, *A Theology of Liberation: History, Politics, and Salvation,* rev. ed. (London: SCM Press, 2001).
[3] André Gunder Frank, *Capitalism and Underdevelopment in Latin America* (New York: Modern Reader Paperbacks, 1969).
[4] Francis Schüssler Fiorenza, Political Theology and Latin American Liberation Theologies, in: Francis Schüssler Fiorenza / James Livingston, *Modern Christian Thought: The Twentieth Century* (Minneapolis: Augsburg Fortress, 2006) 273-308.
[5] Yves Congar, *Jalones pour une théologie du laïcat* (Paris, Editions du Cerf, 1953); idem, *Lay People in the Church: A Study for a Theology of Laity* (Westminster, MD: Newman, 1965).
[6] See Gutiérrez, *A Theology of Liberation* for his critique of the distinction of planes in relation to Congar's work and the mixed formulations of Vatican II in *Gaudium et spes.*

through a rational and natural law.[7] In addition, Latin American theology offered a more incarnational interpretation of eschatology that advocated need for more historically concrete political options than the emphasis on eschatological proviso in political theology provided. In addition, as liberation theology developed, many focused much more on indigenous resources in native narratives and spirituality.

This brief and sketchy contrast between German Political Theology and Latin American Liberation Theology serves to profile the context and issues of political philosophy and theology within the United States – a profile differing from both Germany and Latin America. Although the reduction of religion to the private sphere within a market economy is to some extent operative, the public exercise and political influence of religion has increasingly taken on new roles in the public sphere. In addition, the process of globalization not only of the market, but also of travel and information brings issues of pluralism and difference to fore and not only commodification. The differences call for a different articulation of political theology.

Nevertheless, to relate political theology to the context of the United States with its specific intellectual, political, economic and historical horizons is a rather complex endeavor.[8] Any interpretation of context and milieu remains debated and controversial. Any move from theory to practice and from theology to practice is not unambiguous. Articulations of Christian beliefs and doctrines do not eo ipso implicate specific concrete political action. Likewise, any move from practice or from an interpretation of a specific context to a specific theoretical theological affirmation is open to debate. The challenge, however, remains: how does one articulate a political theology with the theoretical and political practice of the United States context? How does political theology engage with the practices and experiences of its context? This paper seeks to narrow that question to one particular phenomenon: the contemporary re-emergence of Carl Schmitt's political theory and theology.

---

[7] Gutiérrez applies this criticism especially to Jacques Maritain, *Man and the State* (London, Hollis & Carter, 1954).

[8] Although the interest in Carl Schmitt extends across to the Anglo-Saxon world, the USA context is different in two ways. There is a specific justification of the war on terror within the Bush administration that mirrors the thought of Schmitt. Moreover, in regard to cultural homogeneity, the issues are reflected differently in the USA than in Canada, reference the immigration debates in the USA and the multicultural issue in Canada in relation to the French speaking areas, the latter has led to the development of strong multicultural political theories, for example, the work of Kymlicka, see Will Kymlicka, *Liberalism, Community, and Culture* (New York: Oxford University Press, 1989); idem, *The Rights of Minority Cultures* (New York: Oxford University Press, 1995); idem, Bashir Bashir, *The Politics of Reconciliation in Multicultural Societies* (New York: Oxford University Press, 2008).

I. The Contrasting Functions of Carl Schmitt's Ideas

In the Anglo-Saxon world, there has been an increased theoretical interest in Carl Schmitt and his understanding of the „political,“ his critique of liberalism, and in his political theology. From the 1980s and 90s onward, many of Carl Schmitt's writings have been translated into English: In 1985, both Political Theology and The Crisis of Parliamentary Democracy[9] appeared and they were followed one year later with Political Romanticism.[10] The next decade saw the translation of *The Concept of the Political* (1996), *Roman Catholicism and the Political Form* (1996), *Leviathan in the State Theory of Thomas Hobbes* (1996).[11] These were soon followed by *Land and Sea* (1997), and in the new millenium by *The Nomos of the Earth* in 2003, and *Constitutional Theory and Political Theology II* in 2008.[12] In addition to the translation of so many of his works, the secondary literature on Schmitt documents the considerable academic debate about the role of Schmitt's political theory.[13]

In the United States of America, however, Carl Schmitt's ideas have extended beyond any intellectual or academic engagement with his philosophy, but have been especially operative in political practice and governmental decisions. President George W. Bush Jr.'s decisions and policies betray this influence in his advocacy of pre-emptive war, his disregard of international conventions such as the Geneva Conventions in regard to the treatment of prisoners of war, and his unilateralism in relation to the United Nations as well as to the system of International Court and Law. The Bush administration has advocated policies and practices under the rubric of exception, emergency, and sovereignty that could be considered exemplifications of Carl Schmitt's thought. Moreover, there has arisen a sharp debate about the role of Leo

---

[9] Carl Schmitt, *Political Theology: Four Chapters on the Concept of Sovereignty* (Cambridge, MA: MIT Press, 1985); idem, *The Crisis of Parliamentary Democracy* (Cambridge, MA: MIT Press, 1985).

[10] Carl Schmitt, *Political Romanticism* (Cambridge, MA: MIT Press, 1986).

[11] Carl Schmitt, *The Concept of the Political* (Chicago: University of Chicago Press, 1996); idem, *The Leviathan in the State Theory of Thomas Hobbes* (Westport, Conn.: Greenwood Press, 1996); idem, *Roman Catholicism and Political Form* (Westport, Conn.: Greenwood, 1996).

[12] Carl Schmitt, *Land and Sea* (Washington, DC: Plutarch, 1997); idem with G. L. Ulmen, *The Nomos of the Earth in the International Law of the Jus Publicum Europaeum* (New York: Telos Press, 2003); idem, *Four Articles, 1931-1938* (Washington, D.C.: Plutarch, 1999). Carl Schmitt / Jeffrey Seitzer / Ellen Kennedy, *Constitutional Theory* (Durham: Duke University Press, 2008); idem, *Political Theology, II* (Malden, MA: Polity, 2008).

[13] For a brief survey, see Jürgen Manemann, *Carl Schmitt und die Politische Theologie: Politischer Anti-Monotheismus* (Münster: Aschendorff, 2002) 201-221. In addition, for the European reception, see Jan-Werner Müller, *A Dangerous Mind: Carl Schmitt in Post-War European Thought* (New Haven: Yale University Press, 2003).

Strauss's students within high levels of the Bush Administration.[14] Where Strauss is known for his critique of modernity and liberalism, there are significant differences between Carl Schmitt and Leo Strauss, his student.[15] The decisive point, in my opinion, is however, the relation between the ideas of Carl Schmitt and the policies of the Bush administration. I want to be very clear and unambiguous about what I am claiming. I am not arguing for a causal relationship or direct influence of Carl Schmitt upon the Bush Administration – despite the presence of some former students of Strauss. Instead, I am claiming that there is a remarkable parallelism, if not correlation between the ideas and policies advocated by Carl Schmitt in regard to sovereignty, emergency legislation, pre-emptive war, and the disregard for rights and the ideas and policies that gained support within the Bush Administration in the wake of the destruction of the towers of the World Trade Center.

What is most interesting is that there are two very distinct, indeed contrasting roles for Schmitt's ideas. On the one side, there is the role of his ideas within conservative political theory or neo-conservative political policy and practice. On the other side, there is the explicit retrieval and assimilation of Carl Schmitt within progressive or radical democratic thought, or, more precisely, within „agonistic political philosophy", as they self-designate themselves in their critique of liberal political philosophy.[16] This dual reception underscores the unique challenge to any contemporary theological reflection on the prospects for political theology today. It has to deal with the challenge of Carl Schmitt's political theology. That is not to say that German political theology did not seek to differentiate itself from Schmitt. After Hans Meier mistakenly mischaracterized Metz's political theo-

---

[14] See James Atlas, The Nation: Leo-Cons: A Classicist Legacy: New Empire Builders, *The New York Times, Week in Review* May 4, Sect. 4: 1 Col. 3. Alan Frachon / Daniel Vernet, The Strategist and the Philosopher Leo Strauss and Albert Wohlstetter, *Counterpunch* (June 2 2003); Shadia B. Drury, *Leo Strauss and the American Right,* 1st ed. (New York: St. Martin's Press, 1997), and Anne Norton, *Leo Strauss and the Politics of American Empire* (New Haven, CT: Yale University Press, 2004). For a critical review essays of Norton see James Costopoulos, Anne Norton and the *Straussian* Cabal: How *Not* to Write a Book, *Interpretation* 32 (2005): 269-282, and David Lewis Schaefer, The Ass and the Lion, Anne Norton, *Leo Strauss and the Politics of American Empire, Interpretation* 32 (2005): 283-306.

[15] See Heinrich Meier, *Carl Schmitt and Leo Strauss: The Hidden Dialogue,* (Chicago: University of Chicago Press, 1995), and idem, *The Lesson of Carl Schmitt: Four Chapters on the Distinction between Political Theology and Political Philosophy* (Chicago: University of Chicago Press, 1998).

[16] Chantal Mouffe, *The Challenge of Carl Schmitt* (New York: Verso, 1999); idem, *Dimensions of Radical Democracy: Pluralism, Citizenship, Community* (New York: Verso, 1992); idem, *Deliberative Democracy or Agonistic Pluralism* (Wien: Institut für Höhere Studien, 2000).

logy as repetition of Schmitt's political theology, Metz sought to
differentiate his political theology by characterizing it as a „new political theology" and by emphasizing the „memoria passionis Christi."[17]
In addition, Jürgen Moltmann developed the role of the crucifixion and
Trinitarian theology with explicit reference to Erik Peterson's critique
of political monotheism.[18] In addition, Carl Schmitt in *Political
Theology, II* responded to both Metz and Moltmann's work.[19]
The re-emergence of Carl Schmitt in the contemporary discussions
about political life is striking because it takes place in two simul-
taneous contrary directions. It is not that there are two phases, first a
conservative retrieval and then a radical democratic retrieval. Instead
these two retrievals contest one another. It is not like the transition
from the Presidency of George W. Bush to the Presidency of Barack
Obama that could be read as a transition away from a conservative to
more progressive politics.[20] There is, on the one hand, the obviously
conservative or neo-conservative retrieval of Carl Schmitt's theory.
This reactionary return of Schmitt has taken place both in political
theory as well as de facto in governmental practice, especially among
the neo-Conservatives in the United States that dominated governmental political discourse and policy during President George Bush's
administration but that still exists in the United States within the
political as well as the religious rights.
The renewed interest in the theoretical positions of Schmitt's political
theory and political theology also takes place with a progress direction;
one might more appropriately characterizes them as radical pro-
gressives to distinguish them from democratic or social liberals.[21] This
direction of appropriation finds resonances in Schmitt's critique of
liberalism. They are influenced by this critique not in order to return to
the authoritarianism of Schmitt or even his own brand of fascism,
(which he represented before he switched to the National Socialist
fascism), but rather by the inadequacy of dominant political liberal
philosophical thought, represented by John Rawls, and to some extent

---

[17] Johann Baptist Metz, *Memoria passionis. Ein provozierendes Gedächtnis in
pluralistischer Gesellschaft,* ed. Johann Reikerstorfer (Freiburg: Herder 2006).
[18] See Jürgen Moltmann, *Der gekreuzigte Gott: Das Kreuz Christi als Grund und
Kritik christlicher Theologie* (München: Chr. Kaiser, 1972); idem, *Trinität und
Reich Gottes: Zur Gotteslehre* (München: Chr. Kaiser, 1980); idem, *Politische
Theologie, Politische Ethik* (Mainz: Grünewald, 1984); idem, *On Human Dignity:
Political Theology and Ethics* (Philadelphia: Fortress Press, 1984); idem,
Menschenwürde, Recht und Freiheit (Berlin: Kreuz-Verlag, 1979).
[19] Carl Schmitt, *Political Theology, II* (Malden, MA: Polity, 2008).
[20] For the distinctive philosophical underpinnings of Obama's presidency see the
historical and philosophical analysis of James T. Kloppenberg, *Reading Obama:
Dreams, Hope, and the American Political Tradition* (Princeton, N.J., Princeton
University Press, 2011).
[21] For a general analysis of this position as „radical democratic" see Anna Marie Smith,
Laclau and Mouffe: The Radical Democratic Imaginary (NY: Routledge, 1998).

Jürgen Habermas's discourse ethics and his understanding of the political, to which they extend their critique, though much less justified in my opinion.

II. Impulse within Neo-Conservative Political Thought and Practice

The neo-conservative retrieval of Carl Schmitt's ideas takes places in the wake of the events of September 11 and the collapse of the World Trade Center Towers. It is this neo-conservative movement that provided the intellectual resources for President George W. Bush in some of the theoretical foundations for some of his political decisions. One should recall that the very first sentence with which Carl Schmitt begins *Politische Theologie* affirms that the sovereign is the person who decides on exception. „Souverän ist, wer über den Ausnahmezustand entscheidet." Schmitt develops in his political theology the notion that the state has a „monopoly of decision." It is not so much the monopoly of coercion or domination as it is the monopoly of decision:[22] the ability of the sovereign to decide in such a way that the sovereign is above what is legally constituted. The decision is so speak created out of nothingness and the sovereign's power of decision relativizes the whole legal order. It was then the conservative position that affirmed it belonged to a unitary executive power to decide over the exceptional conditions.

It should be noted (which cannot be developed here) that there are considerable developments in Schmitt's conception of sovereignty. What he wrote in his *Political Theology* and in *Concept of the Political* differs from what he wrote in 1922 or even as late as 1928 in his *Verfassungslehre*.[23] There is a move from a more Catholic to a more decisionistic interpretation of the political and there is also a shift from a more Roman and classical understanding of sovereignty in his book on dictatorship in 1921 to an emphasis upon exceptional moments that require emergency measures and an emergency authority within his book *Political Theology*.[24] Moreover, there is considerable debate about the interpretation of Carl Schmitt, especially among those that view him primarily as a critic of liberalism rather than as a critic of democracy. By focusing on the former (the critique of liberalism rather than on the critique of democracy), some are able to appropriate elements of his critique of liberalism and make that central to their

---

[22] Carl Schmitt, *Politische Theologie*, 20.

[23] A shift is between Carl Schmitt, *Die Diktatur, von den Anfängen des modernen Souveränitätsgedankens bis zum proletarischen Klassenkampf* (München: Duncker & Humblot, 1921), and idem, *Verfassungslehre*, (München: Duncker & Humblot, 1928).

[24] There is this important shift between *Die Diktatur*, ibid., and idem, *Politische Theologie*.

reception. As a consequence, what Habermas, for example, finds objectionable and problematic about Schmitt, namely, the separation of democracy and liberalism, is precisely what they find significant for their reception of Schmitt.

In examining American neo-conservative political thought and practice in relation to Schmitt, even if one prescinds from its general neo-conservative critique of modernity and the Enlightenment, there are significant aspects relevant to the war of terror. Bush's doctrine or slogan of „the axis of evil" underscores the friend/foe contrast insofar as he branded certain countries as evil and enemies, and others as friends and as good. He established a governmental policy that should not officially negotiate with those nations branded as hostile. At the same time, he underscored the legitimacy of pre-emptive war or pre-emptive military strikes even if there was not the immediate or imminent danger of attack. In addition, the policy disregarded international law, especially the Geneva Conventions, with the explicit argument that the emergency situation in the wake of the attack on the World Trade Center justified torture in order to discover possible future threats. Then there was the importance of a cultural homogeneity in the face of the enemy and the general refusal to allow members of the United States military even when present in other nations to come under the jurisdiction of international law. These policies, attitudes, and acts should point us back to the context and reason for the development of human rights within the United Nations.

On December 10, 1948 the United Nations General Assembly accepted the Universal Declaration of Human Rights. This was the beginning of a set of declarations and covenants concerning rights. The immediate and driving context of the development of human rights after World War II was the memory and a reaction to the atrocities before and during World War II. Several aspects of this post-World War II development of rights are important for political theology. The first is the specific memory of suffering that resulted from the rise of National Socialism and of the atrocities which took place not only in Europe but also in Asia; the other represents the various covenants that elaborated a list of social rights which were urged by third world countries and the socialist nations – my own country, the United States has regrettably refused to sign many of these covenants – some were not even submitted to the United States Senate for ratification – lest it be obligated to alleviate the misery and poverty within the poor nations. These rights have, over the years, been expanded to include environmental rights especially insofar as the environment represents a global challenge. The United Nations Charter itself and the various documents that constitute the International Bill of Rights should be interpreted as a response to the atrocities of World War II. The established limitations „emergency" or „exception" legislation sought to hinder a repetition of the use of emergency legislation in Germany by the National Socialists. The Weimar Constitution (August 11, 1919) had Article 48: „If public safety and order in Germany are materially disturbed or endangered, the President may take the necessary measures to restore public safety and order, and, if necessary, to intervene with the help of the armed forces. To this end he may temporarily suspend, in whole or in part, the fundamental rights established in Articles 114, 115, 117, 118, 123, 124, and 153 paragraph 23." The legislation, namely, the *Reichstagsbrandverordnung* and the *Ermächtigungsgesetz* gave Hitler the power to protect the people and the state, therefore was in accordance with the emergency clause of the Weimar Constitution itself. The „emergency" of the burning of the Reichstag made it possible for the National Socialists to exclude basic rights and to give a juridical basis for a foreign policy that justified pre-emptive wars against alleged threats to security. Consequently, Hitler could claim a juridical basis for abolishing rights and for engaging in the pre-emptive invasions of France, Poland, Norway, and Denmark. The last chapter of *Mein Kampf* was entitled „als Recht" and Carl Schmitt issued his even before 1933.

The memory of these actions led the United Nations to contravene such unilateral appeals to exceptional emergencies. It, therefore, underscored that collective and multilateral consensus was necessary for legitimacy.[25] David Little has suggested that the United Nation's documents can be seen as „Hitler's Epitaph."[26] However, these statements could have just as easily be seen as „Schmitt's Epitaph" though he lived long after the war. Article 51 of the United Nations Charter „internationalizes" the right of self-defense and so does article 39 for collective security. The international and collective nature of legitimacy should prevent individual nations from declaring on their own that a situation was an exceptional emergency situation that warranted the suspension of rights and pre-emptive attacks. The United Nations reinforced these safeguards through the fourth article of the International Covenant of Civil Rights and through the Genocide Treaty because these limited what could be done in such exceptional cases of responses for the sake of national security.

Hitler had appealed to the singularity of an emergency to justify his action. Carl Schmitt appealed to the political theology of the French Restoration to argue that the power of the sovereign comes to the fore exactly in cases of exception and emergency. The response of the United Nations was not only to affirm the universality of human rights, but also to insist that appeals to emergency, exception, and pre-emption

---

[25] Johannes Morsink, *The Universal Declaration of Human Rights: Origins, Drafting, and Intent* (Philadelphia: University of Pennsylvania Press, 1999).

[26] David Little, Liberalism and World Order, The Thought of James Luther Adams, *Harvard Divinity School Bulletin* 31 3 (2003) 7-9.

needed collective legitimation. Today, in the face of the collapse of the
World Trade Center, the President of the United States and the Attorney General of the Justice Department have appealed to a similar
rationale of „exception" and „emergency" and have sought and are
seeking a similar „exception legislation." There is a certain parallelism
to their defense of the power of the President to act in such exceptional
cases and Schmitt's theoretical and theological defense of a sovereign's exceptionalism. Hitler used the burning of the Reichstag in 1933
just as seventy years later in the wake of September 11, the curtailing
of basic rights is taking place in the name of an exceptional emergency.
The US Patriot's Act allows the detention of prisoners without
warrants, public trials, or lawyers.[27] It curtails a host of political and
civil rights. Likewise, appealing to national security, President Bush
has announced a policy of pre-emptive military attacks, even in the
absence of an immediate threat. In addition to the enactment of „The
Homeland Security Act of 2002," the debated „Domestic Security
Enhancement Act of 2003" (sometimes referred to as „Patriot Act II")
further increases the powers of the Executive Branch, especially the
Justice Department and the FBI and abridges political rights. The declarations by the Secretary of Defense that certain prisoners are no
longer subject to the Geneva Conventions has led to the abuse of
enemy combatants and other prisoners. Such declarations and actions
violate the third of the Geneva Conventions which enacted to protect
the rights of prisoners of war and the fourth which was for the sake of
civilians in the time of war.

These events show that the issues that Carl Schmitt's political theology
raised, are still significant and not merely because of the increasingly
historical interest in Schmitt's work within the United States,[28] but also
because of the present parallelism, if not a link, between the contemporary political argument that connects the exercise of Presidential
sovereignty with emergency situations. It was precisely the use of
sovereign power in exceptional situations that was the heart of Carl
Schmitt's political theology that distinguished a sovereign from an ad-
ministrator. The beginning sentence of his *Political Theology* reads,
„The sovereign is the one who decides about the state of exception."[29]
George Bush gave his Presidential memoirs the title *Decision Points*
that recalled his repeated statement, „I am the decider."[30]

---

[27] The official title is: *Uniting and Strengthening America by Providing Appropriate Tools Required to Intercept and Obstruct Terrorism Act (Oct. 25, 2001)*, HR
3162 RDS.

[28] John P. McCormick, *Carl Schmitt's Critique of Liberalism: Against Politics as
Technology* (Cambridge: Cambridge University Press, 1997); see also, *Weber,
Habermas, and Transformations of the European State: Constitutional, Social, and
Supranational Democracy* (New York: Cambridge University Press, 2007).

[29] Carl Schmitt, *Politische Theologie.*

[30] George W. Bush, *Decision Points* (New York: Crown 2010).

At the origin of political theology stands not only an emphasis on the state of exception, but also the sharp separation between friend and enemy. Schmitt's political and constitutional theory rests on the substitution of ethnos for demos, of an ethnic grouping for a democratic people. He underscored the cultural oneness of the ethnos in the face of the enemy.[31] Attorney General of the United States, John Ashcroft, responded as follows during a Senate hearing in December 2001: „To those who scare peace-loving people with phantoms of lost liberty, my message is this: 'Your tactics only aid terrorists, for they erode our national unity and diminish our resolve. They give ammunition to America's enemies.'" Similarly, President Bush divided the world into friends and enemies: those who are with us and those who are against us. It is the voice of Bush's voice, but Schmitt's understanding of political sovereignty, his contrast between friend and enemy, and his advocacy of a homogeneous culture and people.[32] Such a viewpoint places his political theology with its emphasis upon the importance of ethnos in sharp contrast to any political theology that has a cosmopolitan view of the world of nations.

What has become clearer and clearer in the years since 9/11 is that the appeal to exception and emergency and increased demonization of enemies has had a devastating impact upon American actions. The title and subtitle of Jane Mayer's well documented account expresses this well: *The Dark Side: The Inside Story of How the War on Terror Turned into a War on American Ideals*.[33] Likewise Tara McKelvey's *Monstering* documents show the American policy involvement with secret interrogations and torture.[34]

III. The Agonistic Appropriation of Schmitt

The agonistic appropriation of Carl Schmitt focuses on his understanding of the political realm and his critique of liberal political theory. In part, they concur with Schmitt's judgment about the decisive weaknesses of liberal political theory and liberal governance. However, instead of viewing Schmitt's authoritarianism and decisionism as a threat to the parliamentary democratic order, they argue it is only by taking Schmitt's critique seriously that one can advance a radically

---

[31] Ulrich Preuss, Constitutional Powermaking for the new Polity: Some Deliberations on the Relations between Constituent Power and the Constitution, *Cardozo Law Review* 14 (1993): 639-660, here 650.
[32] See Carl Schmitt, *The Concept of the Political*. See the commentary on this work, Reinhard Mehring, *Carl Schmitt, Der Begriff des Politischen: Ein kooperativer Kommentar* (Berlin: Akademie Verlag, 2003).
[33] (New York: Doubleday 2008).
[34] See *Monstering: Inside America's Policy of Secret Interrogations and Torture in the Terror War* (New York: Carroll & Graf, 2007).

democratic society. What gives this radical or progressive appropriation of Schmitt a certain degree of popularity is the way it uses and combines Schmitt's critique of liberalism with other theories, often considered postmodern, such as Giorgio Agamben[35] and Jacques Derrida.[36] To some extent, what Klaus Tanner has affirmed for the early twentieth century could be affirmed today with one modification. „Der Punkt von Schmitts Argument ist, dass er die im frühen 20. Jahrhundert weit verbreitete Kritik an Aufklärung, Rationalismus and Liberalismus konsequent auf eine Absage an den Parlamentarismus richtet."[37] The modification today is that there is not so much a denial of parliamentary government as the claim that the current democratic forms are undemocratic.

In addition, this specific retrieval of Schmitt underscores the nature of the political as central to political and democratic life. In their view, current liberal political theory entails an eclipse of the political and in this sense they agree with Schmitt's critique of liberalism. Their agonistic theory of the political is an attempt to make the „political" central to political theory.[38] For example, in _The Return of the Political_, Chantal Mouffe has criticized the widespread view of John Rawls's theory of justice as a rebirth of political philosophy in the twentieth century. Instead Rawls's political liberalism if viewed seriously overlooks the nature of the political. What Rawls has achieved in this view is primarily a „mere extension of moral philosophy; it is moral reasoning applied to the treatment of political institutions. This is manifest in the absence in current liberal theorizing of a proper distinction between moral discourse and political discourse."[39]

In developing this notion of the political they appeal to agonistic categories of difference, conflict, and hostility.[40]

---

[35] Giorgio Agamben, _State of Exception_ (Chicago: University of Chicago Press, 2005); idem, _Homo Sacer: Sovereign Power and Bare Life_ (Stanford, CA: Stanford University Press, 1998).

[36] For Derrida's analysis of Schmitt, see Jacques Derrida, _The Politics of Friendship_ (New York: Verso, 1997; Original: _Politiques de l'amitié_ (Paris: Éditions Galilie, 1994), especially chapter 5 that deals with absolute hostility. He considers hostility in relation to exception.

[37] Klaus Tanner, _Die fromme Verstaatlichung des Gewissens: Zur Auseinandersetzung um die Legitimität der Weimarer Reichsverfassung in Staatsrechtswissenschaft und Theologie der Zwanziger Jahre_ (Göttingen: Vandenhoeck & Ruprecht, 1989), 57.

[38] See Bonnie Honig, _Political Theory and the Displacement of Politics_ (Ithaca: Cornell University Press, 1993).

[39] Chantal Mouffe, _The Return of the Political_ (London: Verso, 1993), 147. See also, _On the Political, Thinking in Action_ (New York: Routledge, 2005). See also Ernesto Laclau / Chantal Mouffe, _Hegemony and Socialist Strategy: Towards a Radical Democratic Politics_, 2nd ed. (New York: Verso, 2001), and Ernesto Laclau, _The Making of Political Identities_ (New York: Verso, 1994).

[40] See Noël O'Sullivan, Difference and the Concept of the Political in Con-

By distinguishing Schmitt's critique of liberalism from his critique of democracy, they attempt to utilize his critique of liberalism as a way of advancing a much more radical democracy. In this way, as Chantal Mouffe argues in the face of critics of her use of Carl Schmitt's political, she wants to use Schmitt against Schmitt. The critique of political liberalism underscores central ideas of Schmitt's understanding and critique of liberalism. One is the liberal appeal to neutrality that overlooks the conflicts of political life. It betrays the paradox of liberalism that contradicts the nature of political communities. The other is the accusation that liberalism with its appeal to consensus is rationalistic in its approach to politics. These criticisms circle around the failure of liberalism to acknowledge the significant role that power plays in politics. Instead of acknowledging the role of power, they substitute a reasonable consensus in political decision making and they thereby fail to understand the very nature of the political. These criticisms bring Schmitt's criticism of the parliamentary democracy of the German Weimar Republic to bear in the North American discussions of John Rawls's political liberalism, as well as that of Ronald Dworkin and Timothy Scanlon.[41] Jürgen Habermas's work is often lumped together with Rawls, Dworkin, and Scanlon which in my opinion is not completely correct. This recent introduction of Schmitt's into the Anglo-Saxon world reminds one ironically that in 1986 in a review in the *London Literary Times* Jürgen Habermas noted that „Schmitt's philosophy will have no appeal in the Anglo-Saxon" world.[42] Let me briefly discuss each one of these.

IV. Critique of Liberalism and the Democratic Paradox

On this point, there is a strong agreement with Schmitt's critique of liberalism as an approach to politics that tends to be much more procedural than substantive. In allowing for pluralism, it often relegates conceptions of the good as well as religious belief to the private sphere. It thereby overlooks the degree to which the political sphere is indeed the locus of struggles about the good. Schmitt argues that liberal democracy's fallacy is its attachment to the notion of public reason and its failure to see the distinct and incompatible norms that govern democracy and liberalism. Democracy advocates a self-sovereign so-

---

temporary Political Philosophy, *Political Studies* XLV (1997), 739-754.

[41] Ronald Dworkin, *Taking Rights Seriously* (Cambridge, MA: Harvard University Press, 1978); idem, *A Matter of Principle* (Cambridge, MA: Harvard University Press, 1985). Thomas Scanlon, *What We Owe to Each Other* (Cambridge, MA: University Press, 1998).

[42] Jürgen Habermas, The Horrors of Autonomy: Carl Schmitt in English, *The New Conservatism: Cultural Criticism and the Historians' Debate* (Cambridge: MIT, 1989).

ciety, whereas liberalism supports a pluralism that prevents the exercise of power by that self. In a way that almost follows Schmitt's approach of criticizing liberalism by pointing out some of the very contradictions of liberalism, Chantal Mouffe underscores the paradox of liberal democracy, namely, around the nature of liberal democratic consensus and the nature of citizenship. What is the paradox of liberalism? On the one hand, there is the logic of liberalism that appeals to the universalism of human rights and underscores the more generic notion of humanity or the concept of human nature in general. On the other hand, there is a logic of the democratic citizenship in which the sphere of the concrete political comes to the fore. The political needs to draw the boundaries of citizenship. It contrasts citizens from non-citizens, friends from enemy. In this way Mouffee seeks to think with Schmitt against Schmitt. She draws on Schmitt to develop an agonistic position in contrast with what she calls the more rationalist or procedural approaches. The antagonist conceptions of a diverse group from William Connelly, Bonnie Honig, and Benjamin Barber want to include citizens' cultural identities that are based on groups.[43] Hence there is much more of an awareness of cultural, social and ethnic differences than the more rationalist or consensus oriented political theories suggest.

It is therefore suggested that „Schmitt can help us clarify what is at stake in this issue by making us aware of the tension existing between democracy and liberalism."[44] What is learned from Schmitt is the idea that the general equality of humankind cannot provide the basis for a specific government or particular state or political institution. Government is made possible by the possibility of distinction or difference. Schmitt argues in *The Concept of the Political*, „The political is the most intense and extreme antagonism, and every concrete antagonism becomes that much more political the closer it approaches the most extreme point, that of the friend-enemy grouping. In its entirety the state as an organized political entity describes for itself the friend-enemy distinction." The political government does not find its foundation in the equal identity or the „distinctionless" of all people. Instead, it must be founded in a specific people.[45] The political

---

[43] William E. Connolly, *Political Theory and Modernity* (New York, NY: B. Blackwell, 1988); idem, *The Ethos of Pluralization* (Minneapolis: University of Minnesota Press, 1995); idem, *Why I Am Not a Secularist* (Minneapolis: University of Minnesota Press, 1999). Benjamin R. Barber, *The Conquest of Politics: Liberal Philosophy in Democratic Times* (Princeton, NJ: Princeton University Press, 1988); idem, *Jihad Vs. Mcworld* (New York: Times Books, 1995).

[44] Chantal Mouffe, Carl Schmitt and the Paradox of Liberal Democracy, *Canadian Journal of Law and Jurisprudence* 10 (1997), 21-33, here 22.

[45] It should be noted that Mouffe defends Schmitt from the charge of racism. The issue of his anti-Semitism is not taken as seriously as it should for its enduring relevance to his position.

involves the drawing of lines of demarcation and difference. It involves decisions that entail issues of power and values. Among these authors, there are obviously differences. Connolly argues for the „politics of paradox" and brings to the fore the „paradox of difference." Mouffe is concerned with the paradox of liberal democracy. Both think that a pluralist democratic politics need to expose paradoxes rather than transcending them through consensus or rationality.

V. Critique of Consensus and Challenges for Political Theology

The analysis of pluralism raises the question whether extreme pluralism as well as liberalism entails the „liberal evasion of the political." It was Carl Schmitt's view that liberalism was responsible for eliminating politics from its decisive significance for society insofar as liberal neutralizes the political. Liberals such as John Rawls affirm that a liberal society needs a form of consensus that goes beyond a mere modus vivendi or mere procedural, but it is based upon an overlapping consensus. Jürgen Habermas has objected in his extended exchange with John Rawls that such an overlapping consensus might serve the cause of stability but is insufficient for the sake of justification.[46] The agonistic philosophers object that Rawls's overlapping consensus would only be achieved in a „well-ordered society ... from which politics has been eliminated."[47] Nevertheless for the agonistic political philosophers both have avoided the issue of power. In this sense, they approach the decisionism and, one could also say nominalism, with Schmitt's conception of sovereignty and the political.

The contemporary challenge of political theology is to examine the role that Carl Schmitt's political theology served in the 1930s and to ask – now seventy years later - how does one deal with today's crisis? Does it call for interruption – the center of Metz's political theology?[48] Does it call for the „undecidability" as Jacques Derrida's political philosophy emphasizes?[49] Does it ridicule the universalism of rights with the label of „Esperanto" as George Lindbeck following Michael Walzer has done in giving priority to the local and particular?[50]

These questions are challenges that one cannot answer easily. The em-

---

[46] The dialogue which originally appeared in *Journal of Philosophy* has been printed in Jürgen Habermas, *The Inclusion of the Other: Studies in Political Theory* (Cambridge, MA: MIT Presss, 1998), 49-101 = chapter 2 and 3; and John Rawls, *Political Liberalism,* expanded ed., (New York: Columbia University Press, 2005).

[47] Mouffe, *Cardozo Law Review* 16 (1995): 1533-1545. Quote from 1542.

[48] Metz, *Memoria passionis.*

[49] Jacques Derrida, *Rogues: Two Essays on Reason* (Stanford: Stanford University Press, 2005); idem, *Politics of Friendship* (New York: Verso, 1997).

[50] George Lindbeck, *The Nature of Doctrine. Religion and Theology in a Postliberal Age* (Philadelphia: Westminster, 1984).

phasis on interruption and time in Metz's political theology and the emphasis on eschatology in Moltmann's understanding of human rights underscore not just the incompleteness, but also the distortions and injuries present in contemporary laws, institutions, and practices that are even enacted with an emancipatory intention. But one can at the same time also ask: Do today's international challenges and crises allow one to belittle international rights as an Esperanto?[51] Does not, instead, the international aspect of the challenge call for a more cosmopolitan vision? The destruction of the World Trade Center is indeed a quite different event from the burning down of the German parliament building (Reichstag). Nevertheless, the use of „exception" legislation to weaken basic rights and to justify „pre-emptive" wars without imminent danger is formally very similar. Is there not a need for the further internationalization of rights and juridical means in the face of the many violations of rights that are caused within individual states by the states themselves or are the product of negative impact of some economic capitalistic interests.[52]

Those who forget history are doomed to repeat it. Today we are experiencing a massive critique of human and political rights. It is striking that the political critique of rights relies in no small degree on the criticism of constitutionalism, of liberal democracy, and of „normativism" that were advanced by Carl Schmitt during the Nazi period. This critique of normativism has been in part taken up by his student Leo Strauss, a person whose political philosophy with its critique of modern liberalism has had considerable influence upon the Neo-Conservative movement in general, even if not as representative as some claim. Consequently, the current cultural and philosophical critique of human and political rights poses a challenge to political theology that raises anew the problem of the relation between political theology and political practice, between interpretation and action, between theology and human rights.[53]

VI. Neutrality, Civic Society, and the Modern Democratic State

A central point of Carl Schmitt's analysis of the modern democratic liberal state is the conflict or incompatibility between democratic principles and liberal principles. His analysis places in competition and

---

[51] Michael Walzer, *Thick and Thin* (Notre Dame: University of Notre Dame Press, 1994), 9. In his later writings Walzer concedes a more universal, but thin conception of rights.

[52] See the writings of Thomas Pögge, *Global Justice,* (Malden, MA: Blackwell, 2001), and *World Poverty and Human Rights* (Malden, MA: Polity, 2008).

[53] See Francis Schüssler Fiorenza, Politische Theologie und liberale Gerechtigkeits-Konzeptionen, in Edward Schillebeeckx (Hg.), *Mystik und Politik. Johann Baptist Metz zu Ehren* (Mainz: Matthias Grünewald, 1988), 105 117.

conflict principles of democratic procedures and liberal pluralism what many place as co-equal or co-constitutive. Not only have the agonistic political philosphers made this point central to their analysis, Ernst-Wolfgang Böckenförde, a member of Carl Schmitt's circle of friends and associates,[54] has defended Carl Schmitt against his critics arguing that the enemy/friend distinction should be understood phenomenologically rather than normatively.[55] But more importantly he has argued that the modern liberal secular state presupposes and is based upon what it cannot guarantee. This argument elucidates the central point of Schmitt's critique of liberalism and democracy. It has been taken over by Joseph Cardinal Ratzinger (now Benedict XVI.) in his critical analysis of democracy.[56] It raises the question of the relation among liberalism, democracy, and religion within the modern pluralistic state.

John Rawls's political theory of justice seeks to develop an understanding of justice that takes into account the pluralism of contemporary societies. Consequently he proposes that the political liberalism relies on political norms and principles that various and diverse members of a political state can accept. This entails, especially on the judicial and legal institutional order, that one eschews or avoids what Rawls's labels „comprehensive doctrines" – a somewhat vague notion that includes religious belief as well as metaphysical positions. He refers to them as „comprehensive doctrines of a moral and religious character."[57] It is, of course, John Rawls's further and somewhat debated claim – though in my opinion open to misunderstanding and in fact often misinterpreted – that citizens should exclude or bracket out their specific religious beliefs as well as their metaphysical views – when reflecting on the basic political structures of their nation, when interpreting the constitutional essentials of their society in order to obtain a consensus in regard to political institutions and political norms. It is a position that maintains that when people go into the voting booth they have to leave behind their religious beliefs.

---

[54] See Reinhard Mehring, *Carl Schmitt: Aufstieg und Fall* (München: Beck, 2009) for his biographical treatment also of the later Schmitt and his interaction with a circle of students and associates.

[55] Ernst-Wolfgang Böckenförde, *Der Staat als sittlicher Staat* (Berlin: Duncker & Humbolt, 1978), pp.12-17. See also his essays on political theology, now in volume two of his collected essays: vol 2., *Kirchlicher Auftrag und politisches Handeln* (Freiburg: Herder, 1989), 91-159.

[56] Joseph Ratzinger, *Demokratie in der Kirche: Möglichkeiten, Grenzen, Gefahren* (Limburg: Lahn, 1970). The volume has an essay by Hans Maier. See also Michael Welker's treatment of the dialogue between Habermas and Ratzinger in the present volume.

[57] John Rawls, *Theory of Justice* (Cambridge, MA: Harvard University Press, 1971); idem, *Political Liberalism* (New York, Columbia University Press, 1993); idem, Justice as Fairness, *Philosophical Review* 67 (1958), 163-193; and Samuel R. Freeman, *Collected Papers* (Cambridge, MA: Harvard University Press, 1999).

In a recent lecture at a Symposium on Religion, „The Political: The
Rational Sense of a Questionable Inheritance of Political Theology",
Jürgen Habermas addresses the challenge of Carl Schmitt.[58] Habermas
now points to one aspect of Schmitt's critique of liberalism, namely,
the neutrality and the lack of normativity within the public realm of
society and politics. Habermas wants to retrieve the importance of the
normative within the public but in line with his own discourse ethics.
Hence the emphasis in the title of his essay on „the rational sense" of
what in Schmitt's political theology is questionable. He suggests that
Schmitt's orientation on the French Revolution and the French Counter
Reformation was unable to understand how such normativity could be
present in a democratic public realm of popular sovereignty.

In addition to differing from Schmitt, there is also a nuanced difference
to Rawls. Habermas makes a stronger appeal for the presence of the
religious in the public realm than John Rawls and he nuances his usual
and easily misinterpreted notion of translation. I quote from his
response:

I do want to save also the imperative character of religious speech in
the public sphere, because I'm convinced that there might well be
buried intuitions that can be uncovered by a moving religious speech.
Listening to Martin Luther King, it does make no difference whether
you are secular or not. You understand what he means.[59]

The final sentence is the oral presentation as recorded on the internet
site notes that Martin Luther King was indeed understood and killed
for it. Although Habermas often refers to the necessity for religious
language to be translated, his understanding of the translation of religious language into the public sphere is highly debated.[60] Here he ac-
knowledges that religious language can be understood by the other.
One understands what Martin Luther King meant and it led to his death.
The questions that Habermas's position raises are multiple. First, he
clearly does not have a foundationalist view of language so that claims

---

[58] Jürgen Habermas, The Political: The Rational Meaning of a Questionable
Inheritance of Political Theology, in Judith Bulter et al., *The Power of Religion in*
the Public Sphere (New York: Columbia University Press, 2011), 15-33; also in
same volume *Dialogue: Jürgen Habermas and Charles Taylor*, 60-69. See
Habermas's essays in religion and the public sphere and toleration in Jürgen
Habermas, *Between Naturalism and Religion: Philosophical Essays* (Malden, MA:
Polity, 2008), and the basis of his position in his *Between Facts and Norms*
(Cambridge: MIT Press, 1996).
[59] Dialogue: Jürgen Habermas and Charles Taylor, in Butler et al., *The Power of*
Religion in the Public Sphere, 60.
[60] See the debates on this issue and especially Habermas's response, Jürgen
Habermas, *Replik auf Einwände, Reaktion auf Anregungen,* in Rudolf Langthaler /
Herta Nagl-Docekal (eds.), Glauben und Wissen: Ein Symposium mit Jürgen
Habermas (Berlin: Akademie Verlag, 2007), 366-414.

have to be translated into some meta-language. Particular theological tradition or religious community may assume just this when they presuppose that moral claims based upon „natural law" independent of historical or cultural interpretations of nature should not be viewed as sectarian or religious claims or even the claim of a particular religious community. Secondly, the discourse theory of ethics points to the communicative principle of mutual perspective taking. Such a mutual perspective taking should allow that religious language often embodies claims that the other can understand and perhaps respect or reject. The fundamental principle of language claims is that it be understood by the other and there has to be a mutual perspective taking.

These two points are developed with two other considerations. All citizens can use religious language in the public sphere, but when they do, „they would have to accept that the potential truth content of religious utterances must be translated into a generally accessible language before they can find their way onto the agendas of parliaments, courts, or administrative bodies and decisions."[61] With this distinction between the language of parliaments and courts and the language of non-official or informal public rhetoric, his position is actually very close to John Rawls, when Rawls is interpreted with more nuance than his critics allow. However, Habermas makes another point and this is where he gives a nuanced re-reading of Schmitt's emphasis. Habermas affirms that not only does democratic secular discourse and the discourse of religious citizens stand in complementary discourse to one another, but also the affirmation:

As long as religious communities remain a vital force in civil society, their contribution to the legitimation process reflects an at least indirect reference to religion, which „the political" retains even within a secular state. Although religion can neither be reduced to morality nor be assimilated to ethical values orientation, the public use of reason by religious and nonreligious citizens alike may spur deliberative politics in a pluralist civil society and lead to the recovery of semantic potentials from religious traditions for a wider political culture.[62]

Where it is not understood, it has to be placed in the perspective of the other. This perspective of the other may be another religious language because of the increasing diversity of religious traditions in contemporary society; it may be another philosophical tradition than one's own, and it may be also be secular language where the perspective of the other demands it. One can note both historically and in contemporary society the increased ability and skill of religious traditions or communities to take the perspective of the other tradition or communi-

---

[61] Habermas, *The Political*, in Butler, 25-26.
[62] Ibid., 27-28.

ty. It is a significant step in the development of democratic and pluralistic communities. The point of linking a political theology with communicative action and speech is not to appeal to an overlapping
consensus, as the agonistic position in reliance on Schmitt often argues,
but rather to look at religious exchange and communication as an
important element with the political formation of a society. Such
exchange gives a substance to society and enables its constitutional
language to be reinforced through the way the diverse religions interact
with one another and in turn also with secular currents within a society.

VII. Critique of the Denial of Victims and Powers.
Agonistic Difference

This critique of neutrality refers to Schmitt and his Hobbesian views in
order to underscore that all political decisions involve some people
having power; other people losing power, some people becoming sub-
ordinate to others. It seems to me that here is where political theology
from its resources has the ability to contribute. It is not only that
Habermas quotes Martin Luther King's prophetic proclamation to the
nation. But it is also an anthropology that includes the notion of sin and
the relationship between sin and power.

Take, for example, Jürgen Habermas's interpretation of the evolution
of modernity. That interpretation is located within the framework of
the Frankfurt School that combines Weberian categories and its conception of bureaucracy with a revisionist Marxist account of capitalism,[63] to which Habermas incorporates and revises elements of a system theory relation to Talcott Parsons and Niklas Luhmann. My point
is not to explore possible modifcations of an analysis of modernity
indebted to Georg Lukacs's Weberian reading of Marx combined with
system analysis.[64] Instead, my question is: How does such an analysis
take into account the Holocaust as an appearance of modernity? How
does such an analysis take into account the killing fields of Cambodia
or the genocide within Rwanda? The agonist reception of Schmitt
(contra Schmitt) underscores that politics often involves the inclusion
of some groups in power and the exclusion of other groups in power
and that political deliberation and decision making creates exclusions
and subordinations.

This presents a challenge to a political theology not only to recall the
suffering of victims but to bring into consciousness anthropology that

---

[63] Jürgen Habermas, *Theorie des kommunikativen Handelns* (Frankfurt/M.:
Suhrkamp, 1981).

[64] Such an analysis has its validity especially when it underscores the inadequacy
of Schmitt's interpretation of modernity that overlooks the development of bureau-
cratic structures.

is aware of sin. Now, of course, the classic political theology of Schmitt and French Reaction underscored sin but it used sin or original sin as a basis for an authoritarian government and as a basis for the anti-popular sovereignty program. Of course, such analysis or appropriation of sin in Schmitt's political theology is rather one-sided. It overlooks the degree to which authoritarian governments create victims and engage in genocides. In the centuries past the French revolution, we have not only the excesses of the masses in the wake of the revolution on the streets of Paris, but we have the excesses of authoritarian governments. In addition, in line to the French restorative political theologians, it maintains that an authoritative state is necessary to counteract a sinful humanity.

The Christian religious tradition has a strong sense of human sin and human frailty. How this understanding of human nature gets translated into social and political practice poses an important challenge to political theology. The reactionary and restorative theologians explicitly developed a political theology that appealed to original sin and underscored the need for strong authority, the need for a strong monarchy in contrast to a democratic plebiscite. These same theologians, to whom Carl Schmitt appealed also argued that a sovereign should not be bound by constitutions just as God was not bound by nature but could intervene with exceptions as in the case of miracles. The history of the twentieth century has shown that authoritarian governments have led to many of the atrocities within the twentieth century. The actions of some democratic governments can likewise be faulted. The tasks of a political theology are both reconstructive and constructive. They are reconstructive insofar as they reconstruct how Christian beliefs and practices have effected historical practices. For example, one can see how anti-Semitic exclusions historically influenced a population's acceptance of more racially based anti-Semitism in the twentieth century. One can also see how self-interest not merely in the sense of survival or the conatus essendi, but also in the desire for power and domination stands behind some of the political evils we face. There are elements of the religious traditions with its concern for the other, for the disenfranchised, for the stranger, that underscore that the human self through its commitment to mutual respect and human communities through their commitment to justice and its embodiment in law work against the power within the human self and community to become instantiations in a set of structures that are hostile to others.

VIII. Rights and Transcendence
in the Face of Exceptions and Exclusions

The previous challenge to political theology points to the necessity of taking the exclusions of political seriously through its memory of suffering and through its awareness of sin. Another significant issue is whether political theology as arising from religious commitment brings a sense of transcendence that goes beyond the particularity of a nation. When the justification of emergency measures, such as the torture of prisoners of war, is based upon the allegedly „greater good" of the survival of the nation, the United States, does not a religious belief in transcendence that goes beyond the nation make a significant contribution? Many religious traditions often go beyond local, ethnic, tribal, or national political units. Insofar as they do these religious traditions present a horizon, place limits, and serve as a criticism of a political theology focused on the sovereignty and survival of the nation. Advocates of human rights have within the twentieth century, especially in the United Nations Declaration of Human Rights, sought to develop an understanding of human rights in ways that can cross cultures and not be dependent upon a specific religious tradition for their grounding. Such an attempt is understandable in the face of the diverse religious traditions and diverse secular traditions within the world and therefore should be encouraged. But that does not entail that the individual religious traditions themselves elaborate how their religious traditions can contribute a religious understanding of human rights. They can offer religious models and profiles of practice that exemplify these rights even in the face of adversity. They offer an understanding of reality in which the belief in God or the belief in transcendence overrides national or ethnic interests when these are used as the basis for the disregard of human rights as in the example of torture, firebombing of cities, even the use of atomic weapons.

IX. Summary

In this paper I have underscored how the ideas in Carl Schmitt's political theology and political philosophy are operative in two contrasting directions: the neo-conservative and the radical. In the face of the Schmitt's political theology and the neo-conservative appeal to a strong sovereign who in cases of exception or emergency dispenses with universal notions of right and international law, I have pointed to the historical consequences that have emerged from an emphasis upon exception in times of emergency. Such consequences underscore the importance for a political theology to support a strong conception of rights and of constitutional rights rather than to undermine them. In the face of the appeal of the agonistic reception of Schmitt, I have argued for the development of public religious discourse political theology has to develop its approach to bring its values into the public sphere either directly or by linking it with other discourses.

To the extent that public religious discourse in a pluralist society engages in a mutual perspective, taking in relations to other religious communities and secular tradition, it contributes to the formation of the democratic. In addition, a Christian political theology needs to articulate an understanding of human nature as sinful not in order to justify the need for authoritarian governments to restrain the masses. Instead theological reflection on the core beliefs of the Christian religious tradition needs to explicate their understanding of sin to uncover the power within the human self that leads to the exclusions, repressions, and genocides and has to mobilize the religious traditions' concern for the other to work against such forces. Finally, the belief in transcendence, specified in the Christian tradition as God, provides a horizon that undercuts the self-interest of nations and can and should be mobilized to go beyond the friend/enemy dichotomy that is used by nations to justify the neglect of important human rights.

Klaus Tanner

Politische Theologie nach Benedikt XVI.

I.

Im Zentrum jeder religiösen Kommunikation steht die Thematisierung von Machtfragen. In den Deutungs- und Auslegungsprozessen menschlicher Existenz, die unter „Religion" subsumiert werden, spielen Erfahrungen und Bilder der Macht wie der Ohnmacht eine Schlüsselrolle.[1] Machtfragen stellen sich einerseits im Hinblick auf die Herausforderung zur Selbstbeherrschung. Sie stellen sich andererseits im Hinblick auf die fundamentale Sozialität jeder menschlichen Lebensführung. Weil keiner sein Leben allein leben kann, gehören Fragen nach der Koordination und Ordnung des Zusammenlebens auch zum klassischen Themenbestand religiöser Kommunikation; in diesem Sinne hat diese immer eine „politische" Dimension. In der Geschichte des Christentums und unserer Kultur standen die Fragen nach der Gestaltung von Ordnungen und Verfassungen für das gemeinsame Leben mit den christlichen Thematisierungsformen für die menschliche Lebensführung immer in einer engen Wechselwirkung.

Das gilt auch noch unter den spezifisch modernen Bedingungen der Ausdifferenzierung von politischen und „religiösen" Institutionen. In seiner „Geschichte des Westens" hat z.B. Heinrich August Winkler erneut darauf hingewiesen, welch große Bedeutung die „spezifisch christliche [...] Unterscheidung zwischen göttlicher und weltlicher Ordnung" für die Prägung unserer Kultur hat.[2] Wenn es richtig ist, dass das Verständnis des Politischen und christliche Formen der Thematisierung des Lebens bis in die Gegenwart hinein in einer varianten- und spannungsreichen Weise aufeinander bezogen bleiben, dann ist es wenig sinnvoll, mit starken Unterscheidungen zu arbeiten, die zwischen

---

[1] Vgl. z.B. Paul Tillich, Das Problem der Macht. Versuch einer philosophischen Grundlegung (1931), in: ders., Gesammelte Werke Bd. II, Stuttgart 1962, 193-208; ders., Liebe, Macht, Gerechtigkeit (engl. 1954), in: ders., Gesammelte Werke Bd. XI, Stuttgart 1969, 143-225; Gert Melville (Hg.), Das Sichtbare und das Unsichtbare der Macht. Institutionelle Prozesse in Antike, Mittelalter und Neuzeit, Köln u.a. 2005.

[2] Heinrich August Winkler, Geschichte des Westens. Von den Anfängen in der Antike bis zum 20 Jahrhundert, München 2009, 19.

sog. „politischen" und „unpolitischen" Formen christlicher Lebensdeutung und Lebensführung dichotomisieren. Manche Auseinandersetzung in Kirchen und Theologien ist weniger ein Streit zwischen politischen und unpolitischen Positionen als eine Auseinandersetzung über verschiedene Verständnisse dieser „politischen" Dimension christlicher Selbst- und Weltdeutung.

Auch die „neue politische Theologie"[3] und die „klassischen" katholischen Ordnungstheologien lassen sich nicht sinnvoll entlang der Unterscheidung politisch/unpolitisch ordnen, denn auch diese klassischen Ordnungstheorien beinhalteten ausführliche Staats- und Soziallehren.[4] Im Folgenden soll ein kurzer Blick auf die Enzykliken von Benedikt XVI. geworfen werden, um an ihnen einige Aspekte dieser politischen Dimension herauszuarbeiten. Dieses theologische Verständnis der politischen Dimension christlicher Selbst- und Weltdeutung ist zentriert um die beiden Begriffe Liebe und Wahrheit. „Liebe in der Wahrheit"[5] ist nach Benedikt XVI. die entscheidende politische Kraft, die sowohl die Institution Kirche wie auch alle staatlichen und anderen gesellschaftlichen Formen des Zusammenlebens durchdringen und prägen soll.

II.

Nach seiner Wahl zum Papst am 19. April 2005 veröffentlichte Joseph Aloisius Ratzinger noch im selben Jahr seine erste Enzyklika „Deus Caritas Est"[6]. Solche Verlautbarungen des Apostolischen Stuhls erfolgen im Namen einer Autorität, die selbst schon von politischer Relevanz ist. Diese Autorität changiert zwischen geistlichem und weltlichem Herrschaftsanspruch, denn der Papst spricht nie nur als Bischof von Rom. Er ist immer auch Staatsoberhaupt des Vatikanstaates. Die-

---

[3] Johann Baptist Metz, Zum Begriff der neuen politischen Theologie (1967-1997), Mainz 1997.

[4] Vgl. dazu die Darstellung der thomistischen Ethik und Sozialphilosophie als eines der wirkungsmächtigen Typen christlicher Ideen bei Ernst Troeltsch, Die Soziallehren der christlichen Kirchen und Gruppen, Tübingen 1912, 252-358. Für den deutschen Katholizismus nach der Französischen Revolution vgl. die gründliche und die Differenzierung politischer Leitideen facettenreich darstellende Arbeit von Rudolf Uertz, Vom Gottesrecht zum Menschenrecht. Das katholische Staatsdenken in Deutschland von der Französischen Revolution bis zum II. Vatikanischen Konzil (1789-1965), Paderborn u.a. 2005.

[5] So der Titel der dritten Enzyklika Benedikts XVI.: Enzyklika Caritas in Veritate. Verlautbarungen des Apostolischen Stuhls Nr. 186, hg. v. Sekretariat der Deutschen Bischofskonferenz, Bonn 2009. Zitate aus päpstlichen Enzykliken richten sich nach den Verlautbarungen des Apostolischen Stuhls unter Angabe von Seitenzahl und Absatznummer.

[6] Benedikt XVI., Enzyklika Deus Caritas Est. Verlautbarungen des Apostolischen Stuhls Nr. 171, hg. v. Sekretariat der Deutschen Bischofskonferenz, Bonn 2006.

ses Staatswesen kennzeichnet ein starker Souveränitätsanspruch. Der
Staatsform nach ist der Vatikan eine absolute Monarchie,[7] die ein weltweit agierendes diplomatisches Korps unterhält, für das solche Lehr-
schriften eine verbindliche Grundlage der politischen Tätigkeit darstellen.[8] "Deus Caritas Est" sollte als programmatischer Text am Beginn des
Pontifikats „grundlegende Elemente" (DCE 6, Nr. 1) darstellen, auf denen die gesamte Verkündigung und Praxis der römischen Kirche auf-
baut. Das zentrale Fundament ist für Benedikt XVI. im Anschluss an 1.
Joh 4,16 ein Gottesverständnis, das Gott als den Inbegriff der Liebe
versteht. Das Liebesverständnis wird in einem ersten Hauptteil christo-
logisch und durch ein „streng metaphysisches Gottesbild"[9] unterfüttert.
In einem zweiten Hauptteil werden Grundzüge einer Ekklesiologie entfaltet, in der die Kirche als entscheidende Ausdrucks- und Reali-
sierungsgestalt der göttlichen Liebe beschrieben wird. Deren Sozial-
form wird umschrieben als „Familie Gottes" (DCE 48, Nr. 32).
Mittels des Liebesbegriffs wird eine scharfe Trennlinie zum Gottesverständnis der griechischen Philosophie gezogen.[10] Die soziale und politische Dimension wird über den Zusammenhang von Gottes- und
Nächstenliebe eingeholt. Im spezifisch jüdischen und christlichen Gottesverständnis sei die „kirchliche praktische Umsetzung des Gebots der
Nächstenliebe" (DCE 6, Nr. 1) begründet. Erst in der christlichen
Nächstenliebe sei die Möglichkeit gegeben, „den egoistischen Zug" im
Menschen zu überwinden, und könne es „wirklich Entdeckung des an-
deren" geben (DCE 12, Nr. 6). Für die Kirche als „Gottes Familie in
der Welt" impliziert dies, dass sie ein Ort umfassender gegenseitiger
Hilfe sein müsse, an dem es „keine Notleidenden" mehr geben darf
(DCE 34, Nr. 25).

---

[7] Vgl. Das neue Grundgesetz des Vatikanstaates, Acta Apostolicae Sedis Ergän-
zungsband 93 (2001), Art. 1.1: „Der Papst besitzt als Oberhaupt des Vatikanstaates
die Fülle der gesetzgebenden, ausführenden und richterlichen Gewalt"; sowie CIC
c. 331: „Der Bischof der Kirche von Rom [...] verfügt [...] kraft seines Amtes in der
Kirche über höchste, volle, unmittelbare und universale ordentliche Gewalt, die er
immer frei ausüben kann."
[8] CIC cc. 362ff.
[9] „Das philosophisch und religionsgeschichtlich Bemerkenswerte an dieser Sicht
der Bibel besteht darin, dass wir einerseits sozusagen ein streng metaphysisches
Gottesbild vor uns haben: Gott ist der Urquell allen Seins überhaupt; aber dieser
schöpferische Ursprung aller Dinge – der *Logos*, die Urvernunft – ist zugleich ein
Liebender mit der ganzen Leidenschaft wirklicher Liebe. Damit ist der *Eros* aufs
Höchste geadelt, aber zugleich so gereinigt, dass er mit der *Agape* verschmilzt"
(DCE 18, Nr. 10, kursiv i.O.).
[10] „Die göttliche Macht, die Aristoteles auf dem Höhepunkt der griechischen Philosophie denkend zu erfassen suchte, ist zwar für alles Seiende Gegenstand des Be-
gehrens und der Liebe – als Geliebtes bewegt diese Gottheit die Welt –, aber sie
selbst ist unbedürftig und liebt nicht, sie wird nur geliebt. Der eine Gott, dem Israel
glaubt, liebt selbst" (DCE 16, Nr. 9).

Für die christliche Nächstenliebe wird ein weitreichender Geltungsanspruch erhoben: Sie sei „vom Schöpfer in die Natur des Menschen selbst eingeschrieben" (DCE 45, Nr. 31). Dieser theologische Anspruch auf Universalität artikuliert sich auch in den Zielbestimmungen. Es geht um nichts Geringeres als darum, „die ganze Menschheit zu heilen" (DCE 16, Nr. 9) bzw. um die Realisierung eines „wahren Humanismus" (DCE 44, Nr. 30).

Die zunächst ekklesiologisch konzentriert erscheinende Argumentation wird de facto unter dem Vorzeichen des Universalitätsanspruchs verknüpft mit einer Definition vom „zentrale[n] Auftrag der Politik", der Verwirklichung von „Gerechtigkeit" (DCE 36, Nr. 28). Diese Aufgabe könne aber die Politik aus sich allein heraus nicht verwirklichen. Sie bedarf dazu gleichsam einer Energiezufuhr, der „lebendige[n] Kraft" der Kirche, denn in ihr „lebt die Dynamik der vom Geist Christi entfachten Liebe" (DCE 39, Nr. 28).

Thema der zweiten im November 2007 veröffentlichten Enzyklika Benedikts XVI. ist die Hoffnung. In „Spe salvi"[11] werden noch stärker als in „Deus Caritas Est" die Grundzüge der Geschichtsdeutung des Papstes erkennbar. Sie beinhaltet eine massive Neuzeitkritik. Exemplarisch werden an der wissenschaftlichen Revolution (insb. an Francis Bacon[12]), der Französischen Revolution sowie den marxistischen und kommunistischen „Wegen zur Revolution" (SpS 29, Nr. 20) die Umwandlung der christlichen Eschatologie zu einem innerweltlichen Fortschrittsglauben skizziert und kritisiert. Die Frankfurter Schule wird als Zeuge aufgerufen, um die Kritik zu stützen: „Im 20. Jahrhundert hat Theodor W. Adorno die Problematik des Fortschrittsglaubens drastisch formuliert: Der Fortschritt sei, genau gesehen, der Fortschritt von der Steinschleuder zur Megabombe. Das ist nun in der Tat eine Seite des Fortschritts, die man nicht ausblenden darf. Anders gesagt: Die Zweigesichtigkeit des Fortschritts wird sichtbar. Der Fortschritt bietet unzweifelhaft neue Möglichkeiten zum Guten, aber er öffnet auch abgründige Möglichkeiten des Bösen, die es ehedem nicht gab" (SpS 30f, Nr. 22).

---

[11] Benedikt XVI., Enzyklika Spe Salvi. Verlautbarungen des Apostolischen Stuhles Nr. 179, hg. v. Sekretariat der Deutschen Bischofskonferenz, Bonn 2007.

[12] In Bacon sieht man „einen bestürzenden Schritt: Die Wiederherstellung dessen, was der Mensch in der Austreibung aus dem Paradies verloren hatte, hatte man bisher vom Glauben an Jesus Christus erwartet, und dies war als *Erlösung* angesehen worden. Nun wird diese *Erlösung*, die Wiederherstellung des verlorenen *Paradieses* nicht mehr vom Glauben erwartet, sondern von dem neu gefundenen Zusammenhang von Wissenschaft und Praxis. Der Glaube wird dabei gar nicht einfach geleugnet, aber auf eine andere Ebene – die des bloß Privaten und Jenseitigen – verlagert und zugleich irgendwie für die Welt unwichtig. Diese programmatische Sicht hat den Weg der Neuzeit bestimmt und bestimmt auch noch immer die Glaubenskrise der Gegenwart" (SpS 25, Nr. 17).

Die dritte Enzyklika „Caritas in Veritate" erschien im Juli 2009.[13] In dieser Sozialenzyklika, die dezidiert nicht nur an Christen, sondern „an alle Menschen guten Willens"[14] gerichtet ist, wird die Liebesthematik der Enzyklika von 2005 aufgenommen und vertieft. Der Text ist durchsetzt von einer appellativen Sprache, in der immer wieder zu einem moralisch verantwortlichen Handeln aufgefordert wird.

Diese Verlautbarung des Apostolischen Stuhles wurde politisch platziert. Sie erschien kurz vor dem Treffen der Staats- und Regierungschefs der wichtigsten Industrienationen (G8) in der italienischen Stadt L´Aqulia, mitten in der internationalen Finanz- und Wirtschaftskrise. In der Italienreise des neuen amerikanischen Präsidenten Barack Obama nach Italien war denn auch noch Platz für eine Begegnung mit dem Papst.[15]

Der Text ist unter dem Leitbegriff „ganzheitliche Entwicklung" eine Fortschreibung der römisch-katholischen Soziallehre im Zeitalter der Globalisierung. Benedikt stellt seinen Text in die Reihe der großen Sozialenzykliken. Was mit „Rerum novarum" (1891) begonnen habe, sei in „Populorum Progressio" (1967) von Paul VI. fortgeschrieben worden. Der Text von Paul VI. und nicht die Texte des zweiten Vatikanischen Konzils sind der entscheidende Referenzpunkt für Benedikt XVI. Die Sozialenzykliken von Johannes Paul II. spielen eine untergeordnete Rolle. Der Inhalt von „Populorum Progressio" wird von Benedikt XVI. weitgehend affirmiert.

Für die „Entwicklung eines jeden Menschen und der gesamten Menschheit" (CiV 5, Nr. 1) hin auf einen wahren „Humanismus" (CiV 23, Nr. 16; 26 Nr. 18) bzw. eine „neue humanistische Synthese" (CiV 30, Nr. 21) wird über eine heilsgeschichtliche Vorstellung eine Schlüsselkompetenz der Kirche beansprucht: Die Gesamtentwicklung müsse verstanden werden als Prozess, dessen Grund und Ziel in einem „Plan" Gottes liegt, und dabei sei „die Verkündigung Christi der erste und hauptsächliche Entwicklungsfaktor" in der „Entwicklung der Völker" (SpS 12, Nr. 8). Das Ziel wird auch mehr metaphorisch als konkret umschrieben als „universelle[...] Stadt Gottes" oder „grenzenlose[...] Stadt Gottes" (SpS 11f, Nr. 7).

---

[13] Benedikt XVI., Enzyklika Caritas in Veritate. Verlautbarungen des Apostolischen Stuhls Nr. 186, hg. v. Sekretariat der Deutschen Bischofskonferenz, Bonn 2009.

[14] Der ausführliche Titel lautet: „Enzyklika Caritas in Veritate von Papst Benedikt XVI. an die Bischöfe, an die Priester und Diakone, an die Personen gottgeweihten Lebens, an die christgläubigen Laien und an alle Menschen guten Willens über die ganzheitliche Entwicklung des Menschen in der Liebe und in der Wahrheit".

[15] Bei einer Generalaudienz des Papstes, die während des Gipfels abgehalten wurde und bei der auch einige der „First Ladies" der zum G8-Gipfel angereisten Staats- und Regierungschefs zugegen waren, stellte der Papst seine Enzyklika noch einmal explizit vor (vgl. *Benedikt XVI. erläutert die Kernaussagen seiner dritten Enzyklika. Generalaudienz im Zeichen von 'Caritas in Veritate'*, Zenit 08.07.2009, online http://www.zenit.org/article-18231?l=german, Stand: 15.08.2011).

Die zentralen ethischen Orientierungspunkte in der 120 Seiten langen Enzyklika, in der eine Vielzahl von Themen der politischen, wirtschaftlichen und sozialen Entwicklung angesprochen werden,[16] sind die klassischen Topoi der römisch-katholischen Soziallehre von „Gemeinwohl" und die „Gerechtigkeit".

III.

Mit seinen Stellungnahmen zu Problemen der politischen und sozialen Ordnung knüpfte Benedikt XVI. an einen Themenstrang an, der den Präfekten der Glaubenskongregation Joseph Kardinal Ratzinger schon in den 1980er Jahren im Rahmen seiner massiven Kritik der „Theologie der Befreiung" intensiv beschäftigt hatte.[17] Die Rezeption marxistischer Methoden der Gesellschaftsanalyse in den Befreiungstheologien wurde in diesem Dokument scharf kritisiert. Diese Marxismuskritik ist auch ein zentrales Thema der Enzykliken Benedikts XVI. Es bleibt aber bei der bloßen Negation; in den Texten finden sich keine Hinweise auf ein alternatives methodisches Instrumentarium für die Analyse von geschichtlichen Veränderungs- und gesellschaftlichen Entwicklungsprozessen.[18] Vielmehr treten an diese Stelle spekulative und metaphysische Argumentationsformen, in denen abstrakt über das Verhältnis von Vernunft und Liebe räsoniert wird oder eine „transzendente Sicht der Person" gefordert wird (CiV 17, Nr. 11).
Es ist nicht verwunderlich, wenn in diesem Denkrahmen die eigentlichen Ursachen von krisenhaften Entwicklungen „nicht in erster Linie materieller Art" sein sollen, so Benedikt XVI. zustimmend zur Enzyklika „Populorum progressio" Pauls VI. (CiV 27, Nr. 19). In der Enzyklika wird zur Zeitdeutung das ganze klassische Repertoire konservativer Kulturkritik aufgeboten. Als Ursachen der Krisen werden „Ideologien" (CiV 19, Nr. 14) genannt, eine „empiristische und skeptische Lebensauffassung" (CiV 14, Nr. 9), eine „zunehmende

---

16 Die Zeitungen kommentierten dieses Dokument darum auch als „Sammelsurium" (so Matthias Drobinski, *Der weltfremde Papst*, SZ 08.07.2009) und „uferlose[n], römische[n] Problemkatalog" bzw. „additiv wirkende Bestandsaufnahme" (so Uwe Justus Wenzel, „Sehnsucht nach einer 'echten politischen Weltautorität'", NZZ 09.07.2009).

17 Vgl. die unter ihm herausgegebene Instruktion der Kongregation für die Glaubenslehre über einige Aspekte der „Theologie der Befreiung". Verlautbarungen des Apostolischen Stuhls Nr. 57, hg. v. Sekretariat der Deutschen Bischofskonferenz, Bonn 1984.

18 Vgl. die Kritik durch Leonardo Boff „Dem Papst täte ein bisschen Marxismus gut" 22.07.2009, online http://www.itpol.de/?p=332, Stand: 15.08.2011. Boff kommt zu dem Schluss: „Das vorherrschende Tenor ist nicht die Analyse, sondern die Ethik, das, was sein muss." Der Text des Lehramts verbleibe „im Prinzipiellen" und sei „gleichwie auf dem Olymp außer- und oberhalb der aktuellen konfliktreichen Situationen angesiedelt".

Kommerzialisierung des Kulturaustausches", „kulturelle[...] Verfla-
chung" (CiV 37, Nr. 26), „Hedonismus und Konsumismus" (CiV 82,
Nr. 51), ein „praktische[r] Atheismus" (CiV 42, Nr. 29), die „übertrie-
bene Aufteilung des Wissens in Fachbereiche, das Sich-Verschließen
der Humanwissenschaften gegenüber der Metaphysik" (CiV 46, Nr.
31), Technokratie und immer wieder der kulturelle „Relativismus"
bzw. die „Tendenz zur Relativierung der Wahrheit" (CiV 8, Nr. 4).
Das entscheidende Gestaltungs- und Steuerungselement für die „ganz-
heitlichen" Entwicklungsprozesse hin zur „universellen Stadt Gottes"
(CiV 11, Nr. 7) sollen offensichtlich moralische Überzeugungen sein,
die „Werte[...] des Christentums" (CiV 8, Nr. 4) oder „Grundwerte[...]"
(CiV 30, Nr. 21), ohne dass auf institutionelle Bedingungen der Ver-
mittlung und Durchsetzung solcher „Werte" weiter reflektiert werden
müsste. Der Mangel an sozialwissenschaftlicher Analyse schlägt sich
nieder in einem Katalog von Empfehlungen für *den* Markt, *den* Staat
und *die* Zivilgesellschaft, die sehr vage bleiben.[19] Deutlich wird dies
beim zentralen Themenstrang der Enzyklika, der Globalisierung bzw.
„Entwicklung der Völker" (CiV 69, Nr. 43 u.ö.). Die Darstellung mün-
det in die Forderung nach einer politischen Weltautorität, die „von
allen anerkannt sein, [und] über wirksame Macht verfügen" (CiV 106,
Nr. 67) muss: „Um die Weltwirtschaft zu steuern, die von der Krise be-
troffenen Wirtschaften zu sanieren, einer Verschlimmerung der Krise
und sich daraus ergebenden Ungleichgewichten vorzubeugen, um eine
geeignete vollständige Abrüstung zu verwirklichen, die Sicherheit und
den Frieden zu nähren (im Internet: Ernährungssicherheit und Frieden
zu verwirklichen), den Umweltschutz zu gewährleisten und die Migra-
tionsströme zu regulieren, ist das Vorhandensein einer echten *politischen Weltautorität* [...] dringend nötig" (CiV 105, Nr. 67, kursiv i.O.).

IV.

Der Papst wollte seinen Text als einen Beitrag zu Grundsatzfragen
verstanden wissen und keine „technischen Lösungen" (CiV 14, Nr. 9)
formulieren. Im Kern ist es nur *eine* Aufgabe, auf die er die Aufmerksamkeit lenken will: das Verständnis von Vernunft und die Notwendig-
keit einer „Reinigung" der Vernunft (CiV 92, Nr. 56).[20] Die Schlüssel-

---

[19] „Man muss vermeiden, dass die finanziellen Ressourcen zur Spekulation verwendet werden und man der Versuchung nachgibt, nur einen kurzfristigen Gewinn
zu suchen" (CiV 62, Nr. 40). Das „Finanzwesen als solches [bedarf] einer notwen-
digen Erneuerung der Strukturen und Bestimmung seiner Funktionsweisen"
(CiV 102, Nr. 65).
[20] Diese Frage stand bereits im Zentrum seiner umstrittenen Regensburger
Vorlesung, veröffentlicht unter: Benedikt XVI., Glaube, Vernunft und Universität.
Erinnerungen und Reflexionen, in: ders. (Hg.), Glaube und Vernunft. Die Regensburger Vorlesung, Freiburg/Breisgau 2006, 11-32.

these lässt sich so zusammenfassen: Ohne eine theonome Fundierung
menschlicher Vernunft kann Entwicklung nicht gelingen. Nötig sei
eine „Ausweitung unseres Vernunftbegriffs und -gebrauchs" (CiV 46,
Nr. 31, unter Zitation der Regensburger Vorlesung) durch die Öffnung
des Vernunftverständnisses hin zur „Transzendenz" (CiV 113, Nr. 74).
Mit diesen Formeln wird de facto zunächst eine umfassende Kritik des
neuzeitlichen Vernunftverständnisses betrieben, in dem Vernunft reduziert werde auf eine Macht zur bloß technisch-instrumentellen Verfü-
gung. Dieser reduzierten Vernunft müsse die Liebe als entscheidende
göttliche Kraft zu-, ja übergeordnet werden.[21] In einer Formulierung,
die Kants Erkenntnistheorie von der Zweistämmigkeit menschlicher
Erkenntnis anklingen lässt, heißt es: „Das Tun ist blind ohne das
Wissen, und das Wissen ist steril ohne die Liebe. Denn 'der wahre
Liebende [ist] erfinderisch im Entdecken von Ursachen des Elends, im
Finden der Mittel, es zu beheben und zu beseitigen'" (CiV 44, Nr. 30,
unter Zitation der Enzyklika „Populorum Progressio").
Wahrheit im umfassenden Sinn sei nichts, was Menschen einfach auto-
nom herstellen könnten. Sie habe immer den Charakter eines Ge-
schenks, das auf den Geber zurückverweist, den Gott, der die Liebe
und die Wahrheit ist.[22] In dramatischen Worten wird die Zeit- und Kul-
turanalyse zugespitzt auf ein „entscheidende[s] Entweder-Oder" (CiV
113, Nr. 74). Wie sich vor allem auf dem Feld der „Bioethik" zeige,
seien wir durch die Steigerung unserer technischen Zugriffsmöglich-
keiten auf Natur und Leben herausgefordert zu einer „Wahl": Entweder
gehen wir einen Weg der „moralischen Verantwortung", indem wir
eine „auf Transzendenz hin offene Vernunft" wählen, oder wir gehen
den verantwortungslosen Weg, auf dem wir uns von einer „in der
Immanenz eingeschlossene[n] Vernunft" leiten lassen (CiV 113, Nr.
74). Die Umorientierung könne nur über eine „Reinigung" der Vernunft erfolgen (CiV 92, Nr 56). Die dazu nötige reinigende Kraft[23] lie-
ge im Glauben, der die verengte Vernunft neu ausrichten kann auf die

---

[21] „Die Liebe schließt das Wissen nicht aus, ja, sie verlangt, fördert und belebt es
von innen her. Das Wissen ist niemals allein das Werk der Intelligenz. Es kann
zwar auf ein Kalkül oder Experiment reduziert werden, wenn es aber Weisheit sein
will, die imstande ist, den Menschen im Licht der Grundprinzipien und seiner
letzten Ziele zu orientieren, dann muss sie mit dem *Salz* der Liebe *gewürzt* sein"
(CiV 44, Nr. 30; vgl. auch 13, Nr. 9).
[22] „Die Vernunft für sich allein ist imstande, die Gleichheit unter den Menschen
zu begreifen und ein bürgerliches Zusammenleben herzustellen, aber es gelingt ihr
nicht, Brüderlichkeit zu schaffen. Diese hat ihren Ursprung in einer transzendenten
Berufung durch Gott den Vater, der uns zuerst geliebt hat und uns durch den Sohn
lehrt, was geschwisterliche Liebe ist" (CiV 27, Nr. 19).
[23] Die Metaphorik des Reinigens und Säuberns spielte schon in „Deus Caritas
Est" eine zentrale Rolle: „[D]amit die Vernunft recht funktionieren kann, muss sie
immer wieder gereinigt werden, denn ihre ethische Erblindung durch das Obsiegen
des Interesses und der Macht, die die Vernunft blenden, ist eine nie ganz zu
bannenden Gefahr" (DCE 37, Nr. 28 vgl. auch 18, Nr. 10).

„übernatürliche[...] Wahrheit der Liebe" (CiV 7, Nr. 3). An dieser entscheidenden Schaltstelle wird es dann auch institutionell konkret. Es sei eine „mittelbare" Aufgabe der römisch-katholischen Kirche, zur „Reinigung der Vernunft und zur Weckung der sittlichen Kräfte beizutragen"; eine „unmittelbare Aufgabe" sei es für die „gläubigen Laien" (DCE 40 Nr. 29). Ein aufmerksamer protestantischer Beobachter, Joachim Track, hatte schon 2008 nach der Regensburger Rede bemerkt, für den Papst sei die Vernunft im Kern etwas Katholisches.[24] Zu welchen normativen Orientierungen soll eine so gereinigte Vernunft befähigen? Es sind die Normen eines bestimmten römisch-katholischen Naturrechtsverständnisses,[25] das anknüpft an die altkirchlichen Logos-Spekulationen von der alles durchwaltenden göttlichen Urvernunft, die auch als „universales Sittengesetz" in die „Herzen" aller Menschen eingeschrieben sei (CiV 96, Nr. 59). Der autorisierte Ausleger dieses teleologischen Naturrechts ist das römische Lehramt. Im Rahmen dieser spekulativen Synthese von Ordnungsvorstellungen über den Makro- und Mikrokosmos[26] kann dann „Natur" verstanden werden als „Ausdruck eines Planes der Liebe und der Wahrheit" (CiV 78, Nr. 48) und die Trinitätslehre als „göttliche[s] Modell" (CiV 89, Nr. 54) empfohlen werden für die Beziehungen zwischen Menschen, ja für die „Gemeinschaft der Menschheitsfamilie" (CiV 88, Nr. 54). Der Joseph Ratzinger, der als junger Theologe selbst einmal ein kritisches Verhältnis zur Tradition der Naturrechtslehren hatte, weil sie der Zeitlichkeit und der geschichtlichen Situiertheit aller Handlungsorientierung nicht genügend Rechnung zu tragen vermögen,[27] reaktiviert als Papst die Argumentationspotentiale eines ontologisch-metaphysischen Naturrechtsverständnisses. Es soll das einheitliche Widerlager bilden zu den Differenzierungs- und Pluralisierungsschüben auf dem Weg in moderne Gesellschaften.

---

[24] Joachim Track, Wie „katholisch" ist die Vernunft? Anmerkungen zur Regensburger Vorlesung von Papst Benedikt XVI, in: Konvent des Klosters Loccum (Hg.), Kirche in reformatorischer Verantwortung: Wahrnehmen – Leiten – Gestalten. Festschrift für Horst Hirschler, Göttingen 2008, 231-249.

[25] „Die Soziallehre der Kirche argumentiert von der Vernunft und vom Naturrecht her, das heißt von dem aus, was allen Menschen wesensgemäß ist" (DCE 38, Nr. 28, vgl. auch 45, Nr. 31). Zum breiten und differenzierten Spektrum von Naturrechtslehren im Katholizismus vgl. nochmals Rudolf Uertz, Vom Gottesrecht zum Menschenrecht. Das katholische Staatsdenken in Deutschland von der Französischen Revolution bis zum II. Vatikanischen Konzil (1789-1965), Paderborn u.a. 2005.

[26] Ernst Topitsch, Kosmos und Herrschaft. Ursprünge der „politischen Theologie", in: Wort und Wahrheit. Monatsschrift für Religion und Kultur 10/1 (1955), 19-30 charakterisiert diese Idee als „soziokosmische[s] Universum" (a.a.O., 19).

[27] Joseph Ratzinger, Naturrecht, Evangelium und Ideologie in der katholischen Soziallehre. Katholische Erwägungen zum Thema, in: Klaus v. Bismarck / Walter Dirks (Hgg.), Christlicher Glaube und Ideologie, Stuttgart 1964, 24-30.

V.

Benedikt XVI. hat in seiner Zusammenschau von Metaphysik und ins Politische ausgreifender Gegenwartsdeutung klassische Themen der Kulturkritik reformuliert. Interessant wäre es nun, weiter zu diskutieren, was davon gleichsam positionsübergreifend zur Grundausstattung auch der „neuen politischen Theologien" gehört. Die Lektüre der Enzykliken kann jedenfalls Anlass dazu geben, bei einigen Themenfeldern sensibel zu bleiben, die in der Reflexion auf das Verhältnis von christlichen Orientierungen und politischen Ordnungen zu bearbeiten sind.

– Zu den Konstitutionsmerkmalen politischer Theologien gehören Geschichtsbilder und Krisendiagnosen. Auch der „politische [...] Weg der Nächstenliebe" (CiV 11, Nr. 7) ist gepflastert mit großflächiger Modernitätskritik. Zu ihr gehören eine Kritik an Naturwissenschaften und Technologie. Bei aller Abgrenzung vom Marxismus gibt es doch ein gehöriges Maß an Übereinstimmung mit der Kritik an der „instrumentellen Vernunft" in der Frankfurter Schule. Gleiches gilt für die Kritik an marktwirtschaftlichen Steuerungsmodellen auf dem Feld der Ökonomie.

– Die lehramtliche Form politischer Theologie ist kritisch im Hinblick auf das Mehrheitsprinzip in politischen Entscheidungsprozessen. Die wahre, durch Liebe erleuchtete und durch die Hoffnung gestärkte Vernunft braucht keine prozeduralen Verfahren der Meinungsbildung und Entscheidung. Damit ist schon im Ansatz eine Kritik von parlamentarisch-demokratischen Verfahren gegeben. Es soll Bereiche des „Unabstimmbaren" geben, bei denen politische Mehrheitsentscheidungen moralisch illegitim sind. In letzter Instanz zuständig für diese dem politischen Prozess entzogenen Bereiche erklärt sich das römische Lehramt. Politische Theologien beinhalten Ekklesiologien. Ein Vergleich dieser manchmal expliziten, manchmal impliziten Ekklesiologien steht noch aus.

– Die kulturkritischen Elemente werden häufig in einer Liberalismuskritik gebündelt. Es gehört zu den auffälligen Konvergenzen zwischen „politischen Theologien" unterschiedlicher Couleur, dass sie in ihrer Kritik an „liberalen" Traditionen übereinstimmen. Die sog. „formalen" Verfahren und die positive Rechtsordnung wie die Reflexion auf konkrete politische Formen und Verfassungen des Zusammenlebens spielen eine den ethischen Grundsatzüberlegungen nachgeordnete Rolle. Gegen die Verfahren und den Pluralismus wird in Gestalt von Gemeinwohlformeln eine ethische Substanz in Stellung gebracht, die mehr appellativ beansprucht als argumentativ ausgewiesen wird.

– Politische Theologien müssen ein Verständnis von Vernunft und Rationalität ausarbeiten, das über die Kreise von Theologen und Kirchen hinaus kommunikabel ist. Die Aufklärung über die Aufklärung hat ver-

stärkt in den Blick gebracht, wie kontextverhaftet, jeweils historisch
bedingt und wie rückgebunden an die Dimensionen von Leiblichkeit
Vernunftkonzepte sind.[28] Benedikt hat mit seiner Verknüpfung von
Liebessemantiken und Vernunftverständnis einen Ansatzpunkt formuliert, von dem aus eine Überwindung von einfachen Dualismen wie
„Vernunft versus Affekte" angebahnt werden kann,[29] wenn er selbst
dann auch gerade diesen Zusammenhang schnell durch metaphysische
Argumentationen wieder einseitig spiritualisiert. Die alten ungeschichtlichen Logos-Traditionen und ontologischen Naturrechtslehren sind
wenig hilfreich, um das Problem der Situiertheit von Vernunft in einer
jeweils konkreten Geschichte anzugehen. Der Geschichtlichkeit der
Vernunft und unserer Existenz auch in der Theologie einen Stellenwert
zu geben, ist eine Herausforderung eigener Art[30] angesichts der Tatsache, dass sog. „theologische Begründungen" häufig mit dem
schnellen Ausstieg aus der je konkreten geschichtlichen Situation ein-
hergehen, einer Enthistorisierung von Geltungsansprüchen, die es dann
erlaubt, mit scheinbarer Leichtigkeit immer wieder neu und unver-
mittelt über den „garstigen Graben" zu springen.

---

[28] Zu den Schwierigkeiten, im Bewusstsein dieser Kontingenz und Widersprüche
kontexttranszendierende Geltungsansprüche aufzuweisen vgl. Jürgen Habermas,
Die Einheit der Vernunft in der Vielheit ihrer Stimmen, in: ders., Nachmetaphysi-
sches Denken, Frankfurt/M. 1988, 153-186. Auffällig ist die metapherngeladene
Darstellung: „Die kommunikative Vernunft ist gewiß eine schwankende Schale –
aber sie ertrinkt nicht im Meer der Kontingenzen, auch wenn das Erzittern auf hoher See der einzige Modus ist, in der sie Kontingenzen 'bewältigt'" (a.a.O., 185).
[29] Die Theoriebildung des jungen Hegel wurde genau an diesem Punkt stimuliert:
Vgl. Jürgen Habermas, Arbeit und Interaktion. Bemerkungen zu Hegels Jenenser
„Philosophie des Geistes" (1967), in: ders., Technik und Wissenschaft als „Ideologie", Frankfurt/M. [10]1979, 9-46. Jürgen Habermas sah in den Reflexionen Hegels
über den vernünftigen Gehalt des christlichen Liebesgedankens das Modell einer
„Zwanglosigkeit des dialogischen Sich-Erkennens-im-Anderen" vorgebildet, das
zur Leitidee seines eigenen Verständnisses einer sprachphilosophisch und argu-
mentationstheoretisch begründeten kommunikativen „Vernunft" wird (a.a.O., 17).
[30] Johann Baptist Metz setzt genau an diesem Punkt an mit seiner Forderung einer
„Verzeitlichung von Ontologie und Metaphysik" bzw. seinem Konzept einer
„anamnetischen Vernunft" (vgl. ders., Exkurs zu §8. Verzeitlichung von Ontologie
und Metaphysik [1996], in: ders., Zum Begriff der neuen Politischen Theologie,
Mainz 1997, 160-62; sowie ders., Anamnetische Vernunft. Anmerkungen eines
Theologen zur Krise der Geisteswissenschaften, in: Axel Honneth u.a. [Hgg.],
Zwischenbetrachtungen. Im Prozeß der Aufklärung. Jürgen Habermas zum 60. Ge-
burtstag, Frankfurt/M. 1989, 733-738). Jürgen Habermas versucht die Irritations-
potentiale historischer Kontingenz mit evolutionstheoretischen und sprachphiloso-
phischen Grundannahmen einzuhegen. Aber das Problem der geschichtlichen Situiertheit lässt sich nicht vollkommen stilllegen. Das zeigt sich daran, dass er eine
„selbstkritische Gedächtnispolitik" für die Legitimation der politischen Form des
demokratischen Rechtsstaates für nötig erachtet (vgl. ders., Vorpolitische Grundlagen des demokratischen Rechtsstaates?, in: ders., Zwischen Naturalismus und Religion, Frankfurt/M. 2005, 106-118).

– In modernen Wissenswelten und Kulturen wird ins Metaphysische ausgreifenden Gesamtkonstruktionen („Weltbildern") mit Skepsis begegnet. Wer die unabweisbaren letzten Fragen ins Spiel bringen will, ist deshalb zu einem hohen Argumentationsaufwand genötigt, der nicht durch moralische Appelle übersprungen werden kann. Freiheitsspielräume wurden auf dem Weg in die Moderne gerade auch dadurch erkämpft, dass umfassende Geltungsansprüche hinterfragt und sich in öffentlicher Rede und Gegenrede bewähren müssen. Je stärker Vernunftkonzepte an starken Einheitsvorstellungen und teleologischen Gesamtkonzeptionen ausgerichtet sind, desto größer ist die Gefahr, dass „theoretische" Differenzen und reale Konflikte zu schnell deutend einhegt und befriedet werden. Ein wichtiger Prüfstein für den Gehalt an Realismus solcher Entwürfe ist sicher die Art und Weise, wie mit der irreduziblen Konflikthaftigkeit und Sinnlosigkeit umgegangen wird, von der das menschliche Leben voll ist. Jede Versöhnungstheorie ist nur so stark wie die zuvor in sie eingegangene Fähigkeit, die Differenzen als Differenzen auch wahrzunehmen.

– In der Ausarbeitung aller Vernunfttheorien spielten immer auch die Frage nach der Verfassung von Institutionen eine Rolle, in der solcher Anspruch auf eine vernünftige Lebensführung konkret gelebt werden kann: In welchen Institutionen ist Freiheit möglich und kann ein vernünftiger Geltungsanspruch erhoben werden? Eine „politische Theologie", die nicht konkreter angeben kann, welche institutionellen Arrangements es uns erlauben, Vernunftpotentiale zu steigern, bleibt relativ blind und wirkungslos. Die Form, das institutionelle Arrangement, das in der Neuzeit eine Schlüsselrolle auf dem Feld der Politik spielt, ist die repräsentative Demokratie. Um die Legitimation dieser Form und die Grenzen dieser Gestaltung des Zusammenlebens wird auch in der Gegenwart heftig gestritten. Sind dafür „Werte" nötig, und wer ist dann für die Tradition und Bildung von „Werten" zuständig? Zu diffus bleibt in den politischen Theologien oft der Schlüsselbegriff des Politischen. Politik hat es mit dem gemeinsamen Leben von Menschen zu tun. Die Formen für das gemeinsame Leben unterliegen dem geschichtlichen Wandel. Es macht einen Unterschied, ob der Bezugspunkt (das „Politische") ein absolutistischer oder theokratischer Staat ist, die Vorstellung einer nationalen Bürgergesellschaft, ein liberaler Rechtsstaat, die „Zivilgesellschaft" oder eine internationale „Weltgemeinschaft". Die Zielvorstellungen von politischer Ordnung, auf die hin „politische Theologien" formuliert werden, und die Akteure, an die sie sich richten, bedürfen eines klareren Ausweises.

– Ein Ursprungsimpuls für die Politische Theologie liegt in der Anknüpfung an oder der Abgrenzung von Carl Schmitt. Auch die Politische Theologie Schmitts war kontextbezogen und getrieben von einer gezielt politischen Intention. Er wollte nichts Überzeitliches, sondern die Weimarer parlamentarische Demokratie delegitimieren. In der

pro- und contra-Fixierung auf Schmitt ist eine andere Stimme stark zu-
rückgedrängt worden: Hans Kelsen, der in Theologenkreisen schnell
mit dem Stichwort „Rechtspositivist" als moralisch erledigt gilt. Hans
Kelsen hat 1929 eine kleine Schrift geschrieben: „Vom Wesen und
Wert der Demokratie".[31] In diesem Text hat er ein Thema in den
Mittelpunkt gestellt, das für die systematische Reflexion auf politische
Formen und ihre vorpolitischen Voraussetzungen nichts von seinem
herausfordernden Charakter verloren hat.[32] Kelsen vertrat die
Auffassung, die moderne Demokratie lasse sich am besten recht-
fertigen durch Verzicht auf Ansprüche auf das Wissen um das absolut
Gute und Metaphysik. Wo dergleichen Wissen in Anspruch genommen
werde, könne nur die Forderung nach Gehorsam gegenüber diesem
Wissen erhoben werden. Die innere Logik der demokratischen
Organisation sei es gerade, mit „relative[n] Wahrheiten, [...die] der
menschlichen Erkenntnis erreichbar sind," (100) auszukommen. In
dieser Perspektive ist das, was von starken Vernunftkonzepten aus als
„Relativismus" (101) gebrandmarkt wird, das Lebenselement der
Demokratie.[33] Das führt auch zu einer kritischen Haltung gegenüber
Gemeinwohltheorien, denn ihre jeweilige Konzeption von Gemeinwohl könne nie vorab, von irgendeiner überlegenen Warte aus
festgelegt werden, sondern sei das Resultat von Interessenartikulation
und Konfliktaustragung. In dieser Perspektive erscheint das offene
Aussprechen der Partikularität der eigenen Interessen nicht als etwas
ethisch Verwerfliches, sondern als ein unverzichtbares Lebenselement
in der Auseinandersetzung um die Suche nach Wahrheit und Formen
für ein „gutes Leben".

---

[31] Hans Kelsen, Vom Wesen und Wert der Demokratie, Tübingen ²1929.
Seitenzahlen im folgenden Abschnitt beziehen sich auf diesen Titel.

[32] Das war das zentrale Thema der Diskussion zwischen Jürgen Habermas und Joseph Kardinal Ratzinger am 19. Januar 2004 in der Katholischen Akademie in
Bayern, veröffentlicht in: zur Debatte. Themen der katholischen Theologie in Bayern 34/1 (2004), online http://www.kath-akademie-bayern.de/ausgabe/2004/1.html.
Damals äußerte Ratzinger noch Skepsis gegenüber der Naturrechtstradition: „Das
Naturrecht ist – besonders in der katholischen Kirche – die Argumentationsfigur
geblieben, mit der sie [...] an die gemeinsame Vernunft appelliert und die Grundlagen für eine Verständigung über die ethischen Prinzipien des Rechts in einer säkularen, pluralistischen Gesellschaft sucht. Aber dieses Instrument ist leider stumpf
geworden, und ich möchte mich daher in diesem Gespräch nicht darauf stützen"
(a.a.O., 18).

[33] Weitere Belege bei Klaus Tanner, Die fromme Verstaatlichung des Gewissens.
Zur Auseinandersetzung um die Legitimität der Weimarer Reichsverfassung in
Staatsrechtswissenschaft und Theologie der zwanziger Jahre, Göttingen 1989.

Michael Welker

Zukunftsaufgaben Politischer Theologie
Über Religion und Politik nach Habermas und Ratzinger

„Politische Dimensionen des Christentums. Ausgewählte Texte zu Fragen der Zeit": Unter diesem Titel hatte Herbert Vorgrimler 1986 zahlreiche politisch-theologische Texte und Stellungnahmen Karl Rahners posthum veröffentlicht.[1] Er dokumentierte damit, dass Karl Rahner einen theologischen Rückzug auf Metaphysik und Transzendentalphilosophie sowie generalistische Perspektiven auf „den Menschen" selbstkritisch korrigierte, um Überlegungen zu einer sozialethisch verantwortlichen politischen Theologie in seinem Denken Raum zu geben. Die freundschaftliche beharrliche Mahnung von Seiten der Schüler Rahners, vor allem von Johann Baptist Metz, wirkte in dieser Entwicklung zusammen mit Rahners eigenem Gespür für „die Situation", den Geist der Zeit, aber auch mit seinem ausgeprägten Sinn für humanistische Werte wie Toleranz, Fairness und Gerechtigkeit. Aufgrund dieser Korrektur und der Erweiterung seines Denkens bleibt die Stimme Rahners präsent in einer ganzen Welt von kontextuellen, befreiungstheologischen, feministischen, gesellschaftskritischen Theologien, seien sie primär gedächtnistheologisch, gerechtigkeitspraktisch oder eschatologisch orientiert. In welchen Formen und in welcher Praxis kann eine politische Theologie der Zukunft von diesem Erkenntnis- und Erfahrungsschatz sinnvoll Gebrauch machen?

Um eine Antwort auf diese Frage zu suchen, verfolgten wir in diesem Buch einerseits einen wichtigen, wenn auch begrenzten Diskurs, den wir mit dem Spannungsbogen „Von Rahner bis Ratzinger" markiert hatten. Dabei ging es nicht nur um einen Rückblick auf eine Reihe von spannenden innerkatholischen Dialogen. Wir fragten nach einer ökumenisch, international, akademisch und zivilgesellschaftlich offenen und wirksamen politischen Theologie der Zukunft. Wie müsste sie beschaffen sein?

Der folgende Beitrag geht aus von einer kritischen Begegnung zwischen Jürgen Habermas und Josef Kardinal Ratzinger, von einem Kontrast von Positionen, der ebenso provokativ wie lehrreich ist für die Entwicklung einer politischen Theologie der Zukunft.

Das Gespräch zwischen Habermas und Ratzinger fand am 19. Januar

---

[1] Herbert Vorgrimler (Hg.), Karl Rahner, Politische Dimensionen des Christentums. Ausgewählte Texte zu Fragen der Zeit, Kösel: München 1986.

2004 in München in der Katholischen Akademie Bayern statt. Das
Thema lautete: „Vorpolitische moralische Grundlagen eines freiheitlichen Staates".[2] Die Veranstalter sprachen von einer „Dialogkonstella-
tion, wie man sie sich ... für Grundsatzreflexionen menschlicher Existenz spannender kaum denken kann" (13 und 11). Sie sahen in Ratzinger die „Personalisierung des katholischen Glaubens", in Habermas „die
Personalisierung des liberalen, individuellen, säkularen Denkens" (12),
in beiden Personen die „Prototypen eines Dialogs, der in unseren
Tagen mit darüber entscheidet, wie sich die Zukunft unserer eigenen
Welt gestalten wird" (14).

I. Habermas über den „demokratischen Prozess"

Gegenüber diesen hohen Erwartungen waren die Ergebnisse und Er-
kenntnisgewinne dieser Begegnung, in zwei Vorträgen veröffentlicht,
eher bescheiden. Wie schon in seiner berühmten Rede anlässlich der
Verleihung des Friedenspreises des Deutschen Buchhandels im Okto-
ber 2001 bot Habermas eine aktualisierte Neuauflage einer „Aufhebung der Religion" à la Kant und Hegel. In einer Programmatik, die
stark an Kants Schrift „Die Religion innerhalb der Grenzen der bloßen
Vernunft"[3] erinnerte, empfahl er der säkularen Gesellschaft, einzuseh-
en, dass sie sich von „wichtigen Ressourcen der Sinnstiftung abschnei-
den" könnte, wenn sie sich nicht „ein Gefühl für die Artikulationskraft
religiöser Sprache bewahrte".[4] Ganz im Sinne von Kants und Hegels
„Aufhebung" religiöser Inhalte – nämlich im Doppelsinn von einerseits
Problematisierung und Überschreitung und andererseits Aufbe-
wahrung, Erhaltung – rät Habermas den Bürgern des liberalen Staates,
die religiöse Herkunft der moralischen Grundlagen dieses Staates zu
bedenken, um, wie er formuliert, „das Artikulationsniveau der eigenen
Entstehungsgeschichte" einzuholen. Dabei interessieren ihn besonders
die Themen „Sünde", „Auferstehung" und „Imago Dei", deren auch
moralisch-politische Orientierungskraft nicht verloren gehen sollte.
Habermas warnt, wie auch Ratzinger, vor einer naturalistisch-szien-
tistischen Ideologie, die personales und soziales menschliches Leben
auf bloße Naturvorgänge reduzieren will. Er fordert, dass eine mit
dieser Ideologie verbundene „schlechte Philosophie" philosophisch

---

2 Es wurde veröffentlicht vom Akademiedirektor Florian Schuller unter dem Titel
„Dialektik der Säkularisierung. Über Vernunft und Religion", Herder: Freiburg /
Basel, Basel / Wien 2005.In den Text (in Klammern) eingefügte Seitenzahlen ver-
weisen auf diesen Band. Einige der folgenden Überlegungen finden sich im Rahmen einer detaillierteren Analyse und Kritik in: „Habermas und Ratzinger zur Zukunft der Religion", Evangelische Theologie 68 (2008), 310-324.
3 Königsberg 1793, Werke, Weischedel Ausgabe, Band VIII.
4 www.glasnost.de/docs01/011014habermas.html, die folgenden Zitate stammen
aus dieser Rede.

und wissenschaftlich, aber auch religiös aufgeklärt werden solle. Die Säkularisierung müsse vor einer „Entgleisung" bewahrt werden. Dies sollte nach Habermas aber nicht zur Überzeugung führen, der freiheitliche säkularisierte Staat sei tatsächlich auf „autochthone weltanschauliche oder religiöse, jedenfalls kollektiv verbindliche ethische Überlieferungen angewiesen" (16).[5]

Um dies zu erkennen, dürfen wir nicht von einer religiös oder anderswie zu domestizierenden Staatsgewalt ausgehen. Wir müssen vielmehr in der gegenwärtigen gesellschaftlichen Wirklichkeit den „demokratischen Prozess ... einer inklusiven und diskursiven Meinungs- und Willensbildung" der Bürger wahrnehmen. Dieser Prozess bedarf nur „schwacher Annahmen über den normativen Gehalt der kommunikativen Verfassung soziokultureller Lebensformen" (19). Diese schwachen Grundvoraussetzungen sind nach Habermas erfüllt, wenn für die Kommunikationsergebnisse über die Grundlagen der Lebensformen gilt: Erwartet und gefordert wird, dass sie rational akzeptabel sind – bis hin zur rationalen Begründung der Verfassungsgrundsätze. Auf dieser Grundlage könne eine von Loyalität getragene durchgängige Verrechtlichung der Staatsgewalt erfolgen. Damit werde ein Machtkreislauf etabliert, der keine höhere „haltende Macht" religiöser oder sonstiger Natur benötige.

Habermas sieht in den modernen säkularen Gesellschaften ein Zwei-Klassen-System gegeben von einerseits „Staatsbürgern, die sich als Autoren des Rechts verstehen", und andererseits „Gesellschaftsbürgern, die Adressaten des Rechts sind" (22). Der demokratische Prozess, der Habermas vorschwebt, soll offenbar dazu beitragen, dass sich mehr und mehr Gesellschaftsbürger, die „um ihr eigenes Wohl besorgt" sind, als „Staatsbürger" verstehen und entsprechend rechtlich-politisch orientiert und orientierend verhalten. Diese sich ihrer Macht als Rechtsautoren bewussten Bürger würden das „einigende Band des demokratischen Prozesses" bilden, sie würden den „demokratischen Prozess" im Wetteifer auch über die Interpretation strittiger Verfassungsprinzipien am Leben halten.

Habermas bejaht eine, wie er sagt, selbstkritische „Gedächtnispolitik" und einen „Verfassungspatriotismus", der die Prinzipien der Verfassung wertschätzt und sie immer wieder neu in den zeitgeschichtlichen Kontexten diskursiv überprüft. So wie Immanuel Kant mit einem allgemeinen getreuen Gehorsam gegenüber dem kategorischen Imperativ das Reich Gottes auf Erden kommen sah, so sieht Jürgen Habermas in einem durch selbstkritische Gedächtnispolitik, Verfassungspatriotismus, Verrechtlichung der Staatsgewalt und rationale Akzeptanzkontrolle gestützten „demokratischen Prozess" eine immer dichtere Solidarität der „Staatsbürger" entstehen. Diese Staatsbürger verschaf-

---

[5] S. demgegenüber die kritische Diskussion in: Judith Butler u.a. *The Power of Religion in the Public Sphere*, Columbia University Press, New York 2011.

fen als selbstbewusste Rechtsautoren den „Gerechtigkeitsprinzipien" immer stärker Eingang „in das dichtere Geflecht kultureller Wertorientierungen" (25). Dass dies eine möglicherweise hochgradig illusionsgesättigte Vision sein könnte, reflektiert Habermas unter der Überschrift: „Wenn das soziale Band reißt ..." (26). Es ist vor allem die Macht des Marktes, die Habermas eine „Entgleisung der Modernisierung" und eine Erosion der bürgerlichen Solidarität fürchten lässt, und besonders die „politisch unbeherrschte Dynamik von Weltwirtschaft und Weltgesellschaft" (26). Wesentlich eindringlicher und nach meinem Urteil realistischer hatte Habermas allerdings schon 1990 im ausführlichen Vorwort zur Neuauflage seines Buches „Strukturwandel der Öffentlichkeit"[6] und im Band „Faktizität und Geltung" von 1992[7] die Gefahren dargestellt, die dem „demokratischen Prozess" vor allem durch die elektronischen Massenmedien drohen. Skeptisch summiert er im Band „Faktizität und Geltung": „Die Soziologie der Massenkommunikation vermittelt uns freilich von den vermachteten massenmedial beherrschten Öffentlichkeiten westlicher Demokratien ein skeptisches Bild. ... Die Gruppierungen der Zivilgesellschaft sind zwar problemsensitiv, aber die Signale, die sie aussenden, und die Impulse, die sie geben, sind im Allgemeinen zu schwach, um im politischen System kurzfristig Lernprozesse anzustoßen oder Entscheidungsprozesse umzusteuern."[8] In dieser früheren, m.E. nüchterneren und realitätsnäheren Sicht der Dinge räumt Habermas ein, dass die zivilgesellschaftlichen Assoziationen (und mit ihnen der „demokratische Prozess") nicht „das auffälligste Element einer Öffentlichkeit (sind), die von Massenmedien und großen Agenturen beherrscht, durch Institutionen der Markt- und Meinungsforschung beobachtet und mit der Öffentlichkeitsarbeit, Propaganda und Werbung der politischen Parteien und Verbände überzogen wird."[9] Habermas empfiehlt im Gespräch mit Ratzinger den Bürgern und Bürgerinnen der „postsäkularen Gesellschaft", aber auch den verfassungsstaatlichen Instanzen, „mit allen den kulturellen Quellen schonend umzugehen, aus denen sich das Normbewusstsein und die Solidarität von Bürgern speist" (32f). Philosophisch artikuliertes und gepflegtes säkulares Denken einerseits und Religiosität andererseits sollen im demokratischen Prozess voneinander lernen und ihn gegen die Macht der Märkte und die Macht der scheinbar wertneutralen Administrationen schützen und stärken. „Bis auf weiteres", so Habermas, „(sei)

---

[6] Jürgen Habermas, Strukturwandel der Öffentlichkeit: Untersuchungen zu einer Kategorie der bürgerlichen Gesellschaft, Suhrkamp: Frankfurt/M. 1990.

[7] Jürgen Habermas, Faktizität und Geltung: Beiträge zur Diskurstheorie des Rechts und des demokratischen Rechtsstaats, Suhrkamp: Frankfurt/M. 1992.

[8] Ebd., 451; vgl. meine Kritik an der damals schon unsicheren Defensive gegenüber einer „Kolonisierung der Lebenswelt" in: M. Welker, Kirche im Pluralismus, Kaiser: Gütersloh 2. Aufl. 2000, Kap. 1.

[9] Ebd., 444.

mit dem Fortbestehen der Religionsgemeinschaften" zu rechnen. Sie müssen in die zivilgesellschaftlichen Prozesse so eingebunden werden, dass sie ihnen förderlich sind. Die philosophisch, moralisch, rechtlich und religiös gebildeten Staatsbürger sollen sich deshalb „an Anstrengungen beteiligen, relevante Beiträge aus der religiösen in eine öffentlich zugängliche Sprache zu übersetzen" (36).

Das in diesem historischen Gespräch von Jürgen Habermas vertretene Konzept zivilgesellschaftlicher Kommunikationsprozesse bietet zwei wichtige Denkanstöße für eine politische Theologie. Habermas insistiert auf einem permanenten öffentlichen Diskurs, der eine permanente Stabilisierung und Veränderung der Gesellschaft anstrebt, wobei er sich an den Maßstäben der Verfassung eines Staates orientiert, der sich als Rechtsstaat und Sozialstaat verstehen will. Ferner sieht Habermas klar, dass bloße Ideen zu einer Gesellschaftsveränderung und bloße moralische Appelle unzureichend sind. Visionen von Emanzipation und Befreiung und moralische Engagements müssen in Prozesse der Verrechtlichung umgesetzt werden.

Trotz dieser beherzigenswerten Impulse handelt es sich bei diesem Konzept nach meinem Urteil um eine philosophische Wunschvorstellung. Für eine seriöse politische Theologie ist dieses Modell kaum brauchbar. Denn zwar zeigt Habermas ein gutes Gespür für einige zentrale theologische Themen mit unausgeschöpfter politisch-moralischer Orientierungskraft. Aber die religiöse Macht in kirchlichen und akademischen Institutionen und zivilgesellschaftlichen Kommunikationsprozessen wird nicht angemessen wahrgenommen. Kirche und Wissenschaft, Bildungssysteme und Familie, Medien und Kunst müssten mit ihren religiösen Prägekräften in den Blick kommen. Das bloße Vertrauen auf selbst-selektive Eliten, die sich als vorbildgebende Staatsbürger und Rechtsautoren profilieren, schwebt als zivilgesellschaftliche Idealvorstellung wolkig über allen realen Machtverhältnissen.

II. Ratzinger und das Vertrauen auf das Naturrecht

Die Wahrnehmung der Problemlage durch Joseph Kardinal Ratzinger ist einerseits wesentlich defensiver als die von Habermas, andererseits von einer globalen Weite, die der auf Deutschland und westliche Demokratien konzentrierte Philosoph vermissen lässt. Ratzinger will die Frage der, wie er sagt, „sittlichen Kontrolle der Macht aufwerfen" (40). Die „rechtlich verantwortete Gestalt der Bändigung und Ordnung der Macht" (40) nimmt er von vornherein als ein auch globales interkulturelles Problem wahr, weshalb die wichtige Suche nach den „ethischen Grundlagen", die das „Miteinander (der Kulturen) auf den rechten Weg führen", nicht allein innergesellschaftlichen Diskursgruppen anvertraut werden könne.

Neben seiner globalen Perspektive fällt Ratzingers ethische Skepsis auf. „Im Prozess der Begegnung und Durchdringung der Kulturen" seien traditionell tragende „ethische Gewissheiten weithin zerbrochen"; die Frage, was „das Gute sei, und warum man es, auch selbst zum eigenen Schaden, tun müsse", bleibe „weithin" ohne Antwort (40). Traditionsabbruch, moralische Orientierungslosigkeit und mangelnde Opferbereitschaft seien weltweit gravierende Probleme. Wie auch Habermas konzentriert sich Ratzinger auf die Verbindung von moralischen und rechtlichen Entwicklungsprozessen. Eingängig formuliert er: „Nicht das Recht des Stärkeren, sondern die Stärke des Rechts muss gelten." Deshalb komme der Politik die Aufgabe zu, „Macht unter das Maß des Rechtes zu stellen" und so „gemeinsam geteilte Freiheit" zu ermöglichen (42).

An dieser Stelle kommt es trotz einer Berührung zwischen Ratzingers und Habermas" Denken zu einer behutsamen Distanznahme. Einerseits, so Ratzinger, müsse das Recht „Vehikel der Gerechtigkeit" und „Ausdruck des gemeinsamen Interesses aller sein". Das spricht nach seinem Urteil „für die Demokratie als die angemessenste Form politischer Ordnung" (42 und 43). Andererseits werden die damit gegebenen Probleme nur „fürs erste … durch die Instrumente demokratischer Willensbildung gelöst" (42f). Die Tatsache, dass Mehrheiten und demokratisch gewählte Delegationen korrumpierbar sind, nötigt zur Frage, ob es definitives Unrecht gibt, das nie Recht werden kann, und ob es ein unverrückbares Recht gibt, das keine Mehrheit außer Kraft zu setzen vermag (vgl. 43).

Ratzinger sieht in den modernen Menschenrechtserklärungen Versuche, solche Grundlagen des Rechts zu fixieren. Unter Hinweis auf die sehr unterschiedliche Akzeptanz, die die Menschenrechte in den verschiedenen Kulturen der Welt genießen, formuliert er: „Nun mag man sich im gegenwärtigen Bewusstsein mit der inneren Evidenz dieser Werte begnügen. Aber auch eine solche Selbstbeschränkung des Fragens hat philosophischen Charakter. Es gibt also in sich stehende Werte, die aus dem Wesen des Menschseins folgen und daher für alle Inhaber dieses Wesens unantastbar sind." (43f) Ratzingers Antworten auf die brennende Frage, wo diese „in sich stehenden Werte, die aus dem Wesen des Menschseins folgen", zu finden seien, klingen vage und unsicher. Das Naturrecht sei in der katholischen Kirche „die Argumentationsfigur geblieben, mit der sie (die Kirche) in den Gesprächen mit der säkularen Gesellschaft und mit anderen Glaubensgemeinschaften an die gemeinsame Vernunft appelliert und die Grundlagen für eine Verständigung über die ethischen Prinzipien des Rechts in einer säkularen pluralistischen Gesellschaft sucht" (50). Mit Bedauern muss Ratzinger allerdings feststellen: „Aber dieses Instrument ist leider stumpf geworden …" (ebd.).

Dennoch ruft er dazu auf, Werte und Normen im „Sein des Menschen" aufzuspüren, die nicht als bloße Erfindungen angesehen werden können. Nicht nur christliche Schöpfungstheologie und Philosophie sollen tragfähige Grundlagen eines Naturrechts im „Sein des Menschen" finden.[10] Auch die anderen großen religiösen Traditionen dieser Welt sind zu solcher Suche herausgefordert. Eine polyphone Verständigung zwischen den Religionen schwebt Ratzinger vor, in der die Grundlagen des Naturrechts in neuer Weise erkennbar werden. In ihm sollten „die von allen Menschen irgendwie gekannten oder geahnten wesentlichen Werte und Normen neue Leuchtkraft gewinnen" (58).

Noch auffälliger als bei Habermas ist Ratzingers universales Konzept von philosophischen Wunschvorstellungen getragen. Von der problematischen und diskussionsbedürftigen metaphysischen Annahme eines auch theologisch tragfähigen Naturrechts abgesehen, ist auch dieses Konzept theologisch leer. Akzeptiert man die düsteren Annahmen über den weit ausgreifenden Relativismus und Werteverfall nicht als gesellschaftsanalytischen Beitrag, so muss man nüchtern sehen, dass auch eine seriöse Diagnose weitgehend ausfällt. Die mit den großen Religionen verbundenen erheblichen kulturellen, gesellschaftlichen und politischen Differenzen werden kaum zur Sprache gebracht. Spekulative naturrechtliche Wunschvorstellungen suggerieren eine Binde- und Integrationskraft, deren die realen Verhältnisse spotten. Globale Perspektiven sind zwar angestrebt, sie werden aber nicht einmal ansatzweise realistisch durchgebildet.

III. Was muss eine politische Theologie der Zukunft leisten?

Eine politische Theologie der Zukunft muss neben spezifischen kontextuellen Krisen- und Konfliktanalysen eine theologisch-pneumatologische Wahrnehmungsfähigkeit entwickeln, und sie muss diese mit dem Willen zu gesellschaftsanalytischer Diagnose verbinden. Bei der Entwicklung einer theologisch-pneumatologischen und einer gesellschaftsanalytischen Wahrnehmungsbereitschaft kann auf einer ersten Ebene das Denken des jungen Dietrich Bonhoeffers vorbildlich sein, der in seiner genialen Doktorarbeit „Sanctorum Communio" ein hohes Niveau sozialtheoretischer Umsicht entwickelt.[11]

Bonhoeffer sieht, dass unsere Wahrnehmung und unsere Rede von „dem Menschen", der Person, dem Individuum, aber auch unser Reden von Gemeinschaft, Gesellschaft und Öffentlichkeit ungeheuer voraus-

---

[10] Siehe dazu auch die kritische Untersuchung von Klaus Tanner in diesem Band.
[11] Dietrich Bonhoeffer, Sanctorum Communio. Eine dogmatische Untersuchung zur Soziologie der Kirche, DBW Band I, Kaiser: München 1986 (zit.: Sanctorum Communio); vgl.: Michael Welker, Theologische Profile: Schleiermacher – Barth – Bonhoeffer – Moltmann, edition chrismon: Frankfurt/M. 2009.

setzungsreich ist. Die Wahrnehmung des einzelnen Menschen und der sozialen Verhältnisse steht in Wechselwirkungen mit den Visionen von „Menschheit" und all den offenen und verborgenen Wertsystemen, die wir damit verbinden. Doch nicht nur die Wahrnehmung von Mensch und Menschheit stehen in Wechselzusammenhängen. Auch die Weisen, in denen wir Ich-Du-Beziehungen und das Nahbereichsethos denken, in denen wir normale und ideale soziale Beziehungen fassen, stehen in Wechselverhältnissen mit unseren Vorstellungen von dem einzelnen Menschen und der Menschheit. Darüber hinaus müssen feste institutionalisierte und flüssige soziale Beziehungen unterschieden werden, und auch hier gehen unsere Vorstellungen von Normalität und Entwicklung vielfältige Verbindungen ein mit dem, was wir unter Individuum, Menschheit und Partnerschaft verstehen. Schließlich sind unsere Gottesbilder und Gottesvorstellungen mit diesem komplexen sozialen Geflecht in vielfältiger Weise normativ vernetzt.

Bonhoeffer fasst mehrere soziale Grundkonstellationen ins Auge[12], in denen
– sowohl die Selbstbeziehung des Menschen
– als auch die interpersonale Ich-Du-Beziehung
– als auch die Beziehungen auf komplexe feste und flüssige Formen von Sozialität
– als auch die so genannte „Gottesbeziehung" gedacht werden, und zwar in ihren vielfältigen Interdependenzen.

Das Verständnis von Person, der Gottesbegriff, die elementare Person-zu-Person-Beziehung und die komplexen sozialen Bezüge – feste und fließende – stehen in vielfältigen nicht-beliebigen Zusammenhängen. Statt einer abstrakten Beziehung zwischen „Gott und Mensch" sind die Zusammenhänge von Gottes Beziehung zu mir, zu meinen Mitmenschen, zum Verhältnis von mir und meinen Mitmenschen und zur Sozialität zu erfassen, aber auch die entsprechenden menschlichen Bezugnahmen auf Gott. Doch damit nicht genug.
Bonhoeffer unterscheidet zunächst einmal vier große nicht-theologische Konstellationen, in denen dieses komplexe Schema unter gedankliche Kontrolle gebracht werden kann. Er unterscheidet vier historische und geistesgeschichtliche Konstellationen, in denen die Interdependenzen von Gottesbegriff, Personbegriff, Ich-Du-Beziehung und Gemeinschaftsbegriffen unterschiedlich gefasst werden. Aristoteles, die Stoa, Epikur und die europäische Moderne, vor allem Descartes und Kant, veranlassen ihn, orientiert an philosophiegeschichtlichen Untersuchungen, unterschiedliche Schemata komplexer Sozialbeziehungen einschließlich ihrer religiösen Komponenten zu bedenken.[13]

---

[12]   S. Sanctorum Communio, 19.
[13]   Vgl. Sanctorum Communio, 20ff.

Erst danach entwickelt er unter den Überschriften „Adams-Mensch-
heit" und „Christus-Menschheit" spezifisch theologische Gestalten
menschlicher Sozialität.[14]

1) Eine politische Theologie der Zukunft muss eine solche sozialtheoretische Umsicht als ersten Schritt politisch-theologischer Vernunft
einüben und einzuüben helfen. Sie muss unnachsichtig deutlich mach-
en, dass rein dialogistische Modelle (Ich und der/die Andere) in der
Regel unbrauchbar sind, um komplexe soziale Verhältnisse zu erfassen. Ähnlich unzureichend ist es, Familienmodelle zur Erfassung politischer, gar globaler Verhältnisse in Ansatz zu bringen.[15] Begrenzte
Leistungskraft haben auch die die Fixierung auf „Individuum und
Gemeinschaft", „Subjekt und Gesellschaft" und abstrakte Beziehungen
von „Gott und Mensch", „Gott und Welt", um nur die allerprimitivsten
Denkansätze zu nennen. Von größerer sozialtheoretischer Umsicht getragen, muss sich eine politische Theologie der Zukunft um gesellschaftsanalytische Ehrlichkeit bemühen.
Die unmittelbaren Freundeskreise und Interessenverbände, die kirchliche Ortsgemeinde, die academic community und die regionalen und
internationalen Medienöffentlichkeiten bieten nur kleine Ausschnitte
der Gesellschaften, in denen wir leben. Eine politische Theologie, die
theologisch orientiert gesellschaftliche und politische Entwicklungsprozesse verstehen, anstoßen und mitsteuern will, muss die jeweiligen
gesellschaftlichen Kontexte, die jeweiligen institutionellen, aber auch
geselligen und moralischen Machtdynamiken erfassen und interpre-
tieren, die sie umgeben. Sie muss sich und anderen deutlich machen,
dass auch die Bemühungen um eine neutrale Beobachtung von naiven
Interessenahmen bis hin zu offenen oder latenten Ideologien gesteuert
werden. Und sie muss versuchen, diese Machtinteressen freizulegen,
zu differenzieren und in einen theologischen Interpretationsrahmen
einzubringen.

2) Bei diesen gesellschaftsanalytischen Untersuchungen können wir
die Organisationsformen der pluralistischen Gesellschaften, in denen
wir Europäerinnen und Europäer und Nordamerikaner und Nord-
amerikanerinnen heute leben, nicht einfach auf alle Gesellschaften
dieser Erde in Geschichte und Gegenwart übertragen.[16] Pluralistische
Gesellschaften nötigen zu einer mehrsystemischen Wahrnehmungs-
weise, die zunächst eine selbstkritische Verortung der politischen
Theologie in der Kirche, in der Wissenschaft und in der Zivil-

---

14 Ebd., 69; vgl. 36, 69ff, 74ff.
15 Vgl. den Beitrag von Klaus Tanner zu Benedikt XVI. (S. 65-77).
16 Dies hat Jürgen Moltmann wiederholt eindringlich deutlich gemacht. Vgl. auch
seinen Beitrag in diesem Band.

gesellschaft erforderlich macht.[17] David Tracy hat vor fast 30 Jahren den Anstoß zu solchen subtilen Wahrnehmungen gegeben.[18] Leider hat er mit Kirche, Wissenschaft und Zivilgesellschaft nicht das volle Spektrum der gesellschaftlichen Systeme erfasst und auf eine seriöse Weiterentwicklung des Analyseansatzes verzichtet. Die Analyse pluralistischer Verhältnisse verschwamm in „Plurality and Ambiguity". Auch das komplexe Zusammenspiel und die Konflikte zwischen den systemischen Organisationen und Institutionen der Gesellschaft und den Assoziationen der Zivilgesellschaft wurde in den meisten Ansätzen zu einer pluralistischen politischen Theologie nicht angemessen wahrgenommen.[19] Die meisten Ansätze Politischer Theologie sind, wenn sie echte Kontextsensibilität entwickeln, gemeindlich und zivilgesellschaftlich orientiert. Sie hoffen in der Regel auf Ausstrahlungskraft in die Bereiche von Medien, Wissenschaft, Kirchenpolitik und Politik hinein. Die Interdependenzen von Politik und Recht, Politik und Wirtschaft, Politik und Medienmacht werden bestenfalls vage erfasst. Deshalb verharren viele Beiträge Politischer Theologie im Medium von Problembeschreibungen, moralischen Appellen und Klagen. Doch fehlende sozialtheoretische Umsicht und mangelnde gesellschaftsanalytische Kraft stehen in Wechselzusammenhängen mit inhaltlich-theologischen Orientierungsproblemen.

3) Eine politische Theologie der Zukunft muss gesellschaftstheoretische Umsicht und die gesellschaftsanalytische Diagnostik in einem theologisch-pneumatologischen Wahrnehmungsfeld entwickeln. Eine genuin pneumatologische Orientierung nötigt dazu, jede Rede von „dem Menschen" und „der Menschheit" beständig zu differenzieren. Der Heilige Geist zielt auf eine differenzierte Einheit von Menschen, in der ungerechte und lebensabträgliche Differenzen überwunden, schöpferische Differenzen aber erhalten und kultiviert werden. Auf Männer und auf Frauen, auf Alte und Junge, auf privilegierte und benachteiligte, ja unterdrückte Menschen wird Gottes Geist ausgegossen, sagen die biblischen Verheißungen.[20] Sexistische, ageistische und soziale Konflikte und Konfliktmöglichkeiten kommen damit in den Blick. Auch ethnische, sprachliche und kulturelle Differenzen werden durch das Wirken des Geistes nicht einfach eliminiert, sondern in komplexe Kommunikationszusammenhänge gebracht.

---

[17] Dazu lehrreich Chantal Mouffee, Über das Politische. Wider die kosmopolitische Illusion, Suhrkamp, Frankfurt/M. 2007.
[18] David Tracy, The Analogical Imagination. Christian Theology and the Culture of Pluralism, Crossroad, New York 1981, bes. 3ff.
[19] S. dazu Michael Welker, Kirche im Pluralismus, Gütersloh: Kaiser, 2. Auflage, 2000.
[20] S. Joel 3 und Apg 2; dazu M. Welker, Gottes Geist. Theologie des Heiligen Geistes, Neukirchener, Neukirchen-Vluyn 4. Auflage 2010.

Dabei stabilisiert die Kraft des Geistes nicht nur differenzierte Zusammenhänge geteilten menschlichen Lebens. Zwar bieten die biblischen Überlieferungen zahlreiche Bilder, in denen Stabilität und Dynamik in der Kraft des Geistes verbunden werden. Die Rede vom „Leib Christi" mit seinen verschiedenen Gaben und Charismen stellt durchaus ein Orientierungspotential für gesellschaftliche Kommunikationsprozesse bereit. Sie steht in starken Spannungen mit stratifizierten, monohierarchischen, patriarchalen Strukturen in vielen Gesellschaften und Kirchen und entfaltet damit auch höchst aktuelle politische Dynamiken. Doch die pneumatologische Orientierung bietet nicht nur Idealbilder von Harmonie und gelungener Interdependenz. Der „Geist der Gerechtigkeit, der Wahrheit und der Liebe" steht in vielfältigen Spannungen mit realen Gegebenheiten der Marginalisierung, Unterdrückung und Verohnmächtigung von Menschen in krassen, brutalen und in latenten Formen.[21] Er nötigt zu prophetischem und diakonischem Widerstand in gesellschaftlichen, sozialen und kulturellen Konfliktlagen.

Eine politische Theologie muss solche spezifischen Konfliktlagen benennen und mit sozialtheoretischer Umsicht und gesellschaftsanalytischer Ehrlichkeit erfassen. Sie wird auf zahlreiche negative und lebensabträgliche Prozesse der Stabilisierung von Unwahrhaftigkeit und Ungerechtigkeit stoßen, auf Widerstand und Gewalt.[22] Nicht weniger als die Auseinandersetzung des Reiches Gottes und des Geistes Gottes und der von ihm ergriffenen Menschen mit der Macht der Sünde kommt durch die pneumatologische Orientierung in den Blick.[23] Die Ohnmacht und die Grenzen moralischer und rechtlicher Macht müssen von einer politischen Theologie immer wieder wahrgenommen werden.

Inspiriert von Ernst Bloch, ist Francis Fiorenza als Doktorand von Metz und Rahner der Frage nachgegangen, warum der Faschismus im Deutschland der Zwanziger Jahre erfolgreicher war als der Kommunismus.[24] Eine Antwort lautete: Der Faschismus lag der bürgerlichen Gesellschaft, ihren Wertvorstellungen und ihren Ideologien näher als der Kommunismus. Eine politische Theologie, so Fiorenza, sollte das Wertesystem und das Machtgefüge der modernen bürgerlichen Gesell-

---

[21] S. dazu vor allem den Beitrag von Elisabeth Schüssler Fiorenza in diesem Band.

[22] Vgl. aktuell Jane Mayer, The Dark Side: The Inside Story of How the War on Terror Turned into a War on American Ideals, Doubleday, New York 2008, und der Beitrag von Francis Schüssler Fiorenza in diesem Band.

[23] Vgl. Sigrid Brandt (Hg.), Sünde. Ein unverständlich gewordenes Thema, Neukirchener, Neukirchen-Vluyn 1997.

[24] S. dazu Francis Fiorenza, Politische Theologie und liberale Gerechtigkeits-Konzeptionen, in: Edward Schillebeeckx (Hg.), Mystik und Politik. Theologie im Ringen um Geschichte und Gesellschaft, FS für Johann Baptist Metz, Grünewald, Mainz 1988, 105ff.

schaft in all ihren Ambivalenzen analysieren und würdigen. Solche konkreten symbol- und machtpolitischen Untersuchungen sind unverzichtbar für eine politische Theologie der Zukunft. Sie können weder beim politischen Resonanzerfolg noch bei gelungener Verrechtlichung oder perfekter religiöser und moralischer Organisation abbrechen. Eine politische Theologie der Zukunft wird sich die permanente gesellschaftskritische, kulturkritische, religions- und ideologiekritische Auseinandersetzung auch mit scheinbar optimierten und gelungenen politischen und religiösen Errungenschaften nicht ersparen können. Auch das gute Gesetz, so die nicht nur neutestamentliche, sondern schon alttestamentliche Erkenntnis, steht unter der Macht der Sünde. Der Verohnmächtigung des Gesetzes durch die Kräfte, die biblisch mit der Chiffre „Sünde" markiert werden, steht aber die schöpferische Macht des göttlichen Geistes entgegen. Sie setzt prophetische, diakonische, liturgische und spirituelle Kräfte frei, die nicht nur einzelne Menschen und zwischenmenschliche Beziehungen, sondern auch soziale, gesellschaftliche, kirchliche und politische Lebensformen verändern, erneuern und erheben.

Eine Politische Theologie der Zukunft wird eine pneumatologisch orientierte, gesellschaftsanalytisch ehrliche und sozialtheoretisch umsichtige Theologie sein, eine Theologie, die von diesen Orientierungsrahmen und Impulsen Gebrauch macht: in konkreten kontextuellen Erfahrungen von Unterdrückung, Leiden und gelingendem Leben und in konkreter prophetischer und praktischer Parteinahme.